Der Meistermoderator

.comeon Bücherreihe

.come**on**
institute for .communication

Herausgegeben von Dr. Stefan Amin Talab

Paul Bischofberger

S. Amin Talab

Der

Meistermoderator

Das Handbuch für

Personalentwickler, Teamleiter, Trainer und Mediatoren

.com⊕on
institute for .communication
Verlag

.comeon Bücherreihe

Zeichnungen: Anna Talab
Lektorat: Ernst Renato Szeiferth

ISBN 978-3-9502269-0-4

Besuchen Sie uns unter: **www.masterbooks.at**

INHALTSÜBERBLICK

INHALTSVERZEICHNIS

Inhaltsverzeichnis

www.meistermoderator.com

BENUTZERHINWEISE

Detaillierte Bücher zum Thema Moderation gibt es zahlreiche. Entsprechende Empfehlungen finden Sie auf den letzten Seiten. Dieses vor Ihnen liegende Buch - so wie die anderen Bücher der .comeon Bücherserie - wartet darauf, von Ihnen *benützt* zu werden. So wie es aus den Erfahrungen jahrelanger Moderationspraxis in verschiedenen Kontexten entstanden ist, sollen auch die Inhalte lebendig bleiben und Sie viele Jahre lang unterstützen.

Es soll Ihnen als Nachschlagewerk für Ihre Moderationsvorbereitung und als Ratgeber während der Moderation dienen: Sie benötigen vielleicht ein bestimmtes Tool und möchten schnell nachschlagen, wie viel Zeit Sie dafür veranschlagen müssen oder überlegen, welches Medium am besten für eine unvorhergesehene Verlängerung geeignet ist.

Dieses Buch dient aber auch hervorragend dazu, sich einen Überblick darüber zu verschaffen, was Moderation überhaupt bedeutet, welche Fallen und Tipps beachtenswert sind und wie es funktionieren könnte.

Um unsere humanistische Philosophie zu unterstreichen und den lustvollen Aspekt des Lernens zu betonen, dürfen wir Ihnen einige Moderatoren an die Seite stellen, die Sie durch dieses Buch begleiten werden:

Meistermoderator: Wo er am Seitenrand steht, zeigt er eine Möglichkeit, wie es gut funktionieren könnte. Er gibt Ihnen auch Tipps aus der Praxis!

Verwirrter Moderator: Wie der Name schon sagt: Ein verwirrter Moderator könnte wie beschrieben reagieren. Das ist wohl eher weniger nachahmenswert.

Forschender Moderator: Folgende Fakten geben einen interessanten theoretischen Hintergrund.

Mutiger Moderator: Probieren Sie einfach einmal folgende Möglichkeit aus.

Im Übrigen freuen wir uns sehr über Ihre Rückmeldungen und Anregungen! Bitte schreiben Sie uns an office@comeon.at oder an die Verlagsadresse.

www.meistermoderator.com

VORWORT:
ÜBER DIESES HANDBUCH

Dieses Buch ist für all jene gedacht, die in irgendeiner Form angehalten sind, Gruppenprozesse zu moderieren. Wir möchten hiermit ein Basiswerk zur Verfügung stellen, das Ihnen die Möglichkeit gibt, sich einen an der Moderationspraxis orientierten Überblick zu verschaffen.

Wir zeigen Ihnen, wie Sie vorgehen, worauf Sie achten und womit Sie planen sollten, wenn Sie eingeladen sind, eine Besprechung oder einen Workshop, eine Tagung oder eine Klausur, ein Seminar oder ein Konfliktbeilegungsgespräch zu moderieren.

Wir werden genauer beleuchten, was unter dem Begriff Moderation denn nun eigentlich verstanden werden kann und welche Werkzeuge und Methoden Sie zu einem Meistermoderator werden lassen.

Dieses Buch richtet sich insbesondere an:

- **Personalentwickler**, die gebeten werden, in ihrem Unternehmen als neutrale Moderatoren Sitzungen und/oder Workshops zu leiten

- **Führungskräfte**, die verschiedene Arten von Besprechungen und/oder Teamsitzungen zu leiten haben

- **Dozenten und Vortragende,** die Methoden suchen, um weg vom Frontalunterricht hin zu teilnehmeraktivierenden und damit lernfördernden Methoden zu kommen

- **Seminarleiter,** die Abseits von Gruppenspiel und Präsentation die Ressourcen der Trainingsgruppe in einer partnerschaftlichen Weise hervorrufen wollen und

- **Mediatoren,** die bei der Klärung von Konfliktgesprächen auf Instrumente und Techniken der Moderationsmethode zurückgreifen wollen.

Das Buch ist als Handbuch konzipiert: Es soll Ihnen einerseits die Möglichkeit bieten, bei Bedarf rasch nachschlagen und sich einen schnellen Überblick über die nächsten Moderationsschritte oder –methoden verschaffen zu können. Dazu haben wir für Sie auch ein Stichwortverzeichnis im Anhang erstellt.

Dieses Buch wurde auch aus der Praxis für die Praxis geschrieben. Wir haben deshalb sowohl auf akademische Abhandlungen als auch weitgehend auf Literatur- und Quellenverweise im Text verzichtet. Sie finden im Anhang eine Liste jener Autoren, auf die wir uns gestützt haben.

Der leichteren und flüssigeren Lesbarkeit halber wurde die Universalform gewählt, wobei Personalentwicklerinnen, Teamleiterinnen, Seminarleiterinnen und Mediatorinnen selbstredend eingeschossen sind.

KAPITEL 1
GRUNDSÄTZLICHES ZUM THEMA
MODERATION

Begriffsbestimmungen

Der Begriff Moderation wird sehr vielfältig und unterschiedlich verwendet. Für die meisten Menschen ist er eng verknüpft mit dem Begriff der Radio- oder Fernsehmoderation. Dort führt der Moderator gleichsam durch die Sendung, präsentiert die einzelnen Beiträge und gibt mit der Anmoderation einen Vorgeschmack auf die folgende(n) Nummer(n). Falls Gäste im Studio sind, leitet der Moderator die Gesprächsrunde. Dieser Definition von Moderation verwandt ist der Moderator als Conferencier, der durch Live-Veranstaltungen oder Live-Sendungen führt, dem Publikum Gäste oder Redner vorstellt und die verschiedenen Programmpunkte miteinander verknüpft.

Daneben taucht der Begriff Moderator im Internet auf. Der Moderator unterstützt Diskussionsteilnehmer in Webforen dahingehend, dass er ganz generell die Diskussionsregeln festlegt und überwacht, also beispielsweise unerwünschte, unsachliche, unpassende oder verletzende Beiträge im Forum verbietet oder löscht. Ebenso ist es seine Aufgabe, Streit zwischen Teilnehmern zu schlichten.

Auch aus dem Bereich der Konfliktbeilegung kennt man den Begriff des Moderators. Hier wird er analog dem Begriff des Mediators verwendet. Hier sorgt der Moderator dafür, dass die Konfliktparteien wieder zur Sachlichkeit zurückkehren, wenn die Diskussion eskaliert.

Ursprünglich heißt moderieren vom lateinischen moderatio/moderare „mäßigen", „in Schranken weisen", „lenken", „steuern". Ähnlich wird der Begriff in der Physik verwendet: Ein Moderator, beispielsweise Wasser, bremst die Geschwindigkeit von Neutronen, die bei der Kernspaltung frei werden. Wir werden für die weitere Verwendung des Begriffes Moderation in diesem Buch auf diese oben angeführten ursprünglichen Bedeutungen *lenken* und *steuern* zurückgreifen.

Für dieses Handbuch soll unter dem Begriff Moderation folgendes verstanden werden:

Bei einer Moderation wird eine Gruppe von einem Moderator mit dem Ziel und der Aufgabe geleitet, unter der Zuhilfenahme verschiedener Arbeitstechniken den gemeinsamen Ergebnisfindungsprozess produktiv, zielorientiert, konfliktvermeidend und ergebnissichernd unter Berücksichtigung und Einbeziehung der Kompetenzen und Meinungen aller Teilnehmer zu gestalten.

Aus dieser Definition ergeben sich zwei Rahmenbedingungen, die ausschlaggebend dafür sind, wie erfolgreich die moderierte Veranstaltung werden kann:

Entscheidungsspielräume der Teilnehmer:
Für die in der Definition angeführte „gemeinsame Ergebnis-findung" ist das Hauptkriterium das Ausmaß der Mitsprachemöglichkeit der Teilnehmer.

Sollte ein Auftraggeber mit Ihrer Hilfe ein bestimmtes Wunschergebnis einer Veranstaltung (beispielsweise einer Besprechung) durchbringen wollen, macht eine Moderation keinen Sinn. Teilnehmer merken sehr schnell, ob Sie inhaltlich und hinsichtlich des Ergebnisses neutral sind und dementsprechend die Souveränität der Gruppe anerkennen und fördern, oder ob Sie Moderationsmethoden manipulativ und nur zum Schein einsetzen.

Zeitliche Rahmenbedingungen:
Wie wir noch an anderer Stelle ausführen werden, spielt der Faktor Zeit eine wesentliche Rolle für das Gelingen einer moderierten Veranstaltung. Es macht einen erheblichen Unterschied, ob Sie eine Projektteamsitzung mit fünf Teilnehmern oder aber einen Workshop mit 18 Teilnehmern moderieren sollen. Und es macht einen ebenso großen Unterschied, ob die Besprechungsthemen alle Anwesenden gleichermaßen betreffen oder aber nur einige wenige. Nach der Moderationsmetho-

de zu arbeiten, macht nur Sinn, wenn Sie dafür ausreichend Zeit zur Verfügung haben.

Definition Workshop

Die Begriffe „Workshop" und „Moderation" sind untrennbar verbunden, weil ersterer den Musterrahmen für letztgenannte Methode darstellt. Auch wenn die Moderationsmethode oder Instrumente daraus gut bei anderen Gelegenheiten eingesetzt werden können, so ist ein Workshop ohne Moderation nicht denkbar.

„Workshop" ist die Bezeichnung für ein Zusammenkommen von Personen (vergleichbar einem Seminar) mit dem Ziel, bestimmte Themen zu er- und bearbeiten, komplexe Probleme zu diskutieren und (Lösungs-)Strategien zu entwickeln. Workshops dienen daher häufig der Vorbereitung wichtiger Entscheidungen.

Ein wesentliches Erkennungsmerkmal eines Workshops ist, dass die Teilnehmer die für sie relevanten Besprechungsthemen weitgehend selbst definieren und in weiterer Folge eigenständig bearbeiten. Folglich wird wenig Vorbereitetes präsentiert.

Ein weiteres Erkennungsmerkmal ist ein außerordentlich hoher Interaktionsgrad zwischen den Teilnehmern, der vom Moderator bewusst ermöglicht wird, um möglichst viele Perspektiven und Meinungen zu einer Fragestellung zu bekommen.

Wir werden in diesem Buch insbesondere jene Phasen vorstellen und besprechen, die üblicherweise in einem Workshop durchlaufen werden (müssen). Dabei werden Ihnen die gebräuchlichsten Moderationswerkzeuge an die Hand gegeben. In abgeänderter Form können Sie diesen Standardablauf und seine Methoden für sämtliche Gruppenprozesse verwenden. Wir gehen vor allem bei Training, Mediation und Besprechungsleitung auf die entsprechenden Unterschiede und Gemeinsamkeiten ein.

Unabhängig davon, ob Sie also bereits Workshops moderieren oder in Zukunft moderieren möchten, Elemente daraus für Trainings oder Besprechungen verwenden möchten oder schlicht Ihre Moderationswerkzeuge einer Inventur unterziehen wollen: Dieses Buch ist so gestaltet, dass es für all diese Prozesse ohne Einschränkungen verwendet werden kann.

Aufgaben eines Moderators

Die Aufgaben des Moderators konzentrieren sich gemäß obiger Definition im wesentlichen auf die Steuerung des auf das Moderationsziel gerichteten Gruppenprozesses. Der Moderator ist - mit anderen Worten - ein „Katalysator" für den Ablauf, während die Teilnehmer selbst für den Inhalt des Prozesses, sei es nun Besprechung, Sitzung, Konferenz o.ä. verantwortlich zeichnen.

Natürlich kommt es in der betrieblichen Praxis durchaus vor, dass ein Moderator auch inhaltlich beteiligt ist und eigene Positionen einnehmen muss (z.B. als Teamleiter seiner Teambesprechung). Im strikten Sinne wäre dies für den idealtypischen Moderator nicht erlaubt, weil es seine Rolle als unabhängigen Prozessbegleiter stört. Mehr dazu im Kapitel „in der Besprechung moderieren" ab Seite 28.

Die wesentlichen Aufgaben eines Moderators sind:

- Verbesserung des Verständnisses für Entscheidungsfindungsabläufe innerhalb der moderierten Gruppe

- Verbesserung der Kommunikation zwischen den Teilnehmern

- Aufzeigen von Wegen, bestehende Probleme untereinander auf der Sach- wie auch auf der Beziehungsebene effektiv zu bewältigen

- Unterstützung der Gruppe dahingehend, Unterschiedlichkeiten und Konflikte positiv (statt destruktiv) zu nutzen

- Verstärkung der zielgerichteten Zusammenarbeit zwischen den Besprechungsteilnehmern und eine Verringerung jenes Wettbewerbs, der auf Kosten der Gruppe geht

- Wahrung der Thementreue: bei Abweichungen vom gerade zu besprechenden Thema dieses zurück in die Runde holen

- Ziel- und somit Ergebnisorientierung in der Prozessarbeit zu wahren

- Optimale Nutzung der zur Verfügung stehenden Zeit

- Ergebnissicherung

- Visualisierung: einzelne Arbeitsschritte, Zwischenergebnisse und Endergebnisse laufend transparent zu machen und festzuhalten

- Je nach Ziel der moderierten Veranstaltung können außerdem noch weitere Aufgaben für den Moderator hinzukommen, so zum Beispiel:

- Rückmeldung bezüglich der ablaufenden Gruppenprozesse

- Stärkung des Bewusstseins der gegenseitigen Abhängigkeit bei der Zielerreichung innerhalb eines (Besprechungs-) Teams

Ein Moderator ist mit einem Gastgeber auf einer Party vergleichbar. Dessen Aufgabe ist es, sich um das Wohl der Gäste zu kümmern. Er stellt Gäste einander vor und beginnt die Konversation, um sie miteinander ins Gespräch zu bringen. Er setzt Rahmenbedingungen und kreiert eine Atmosphäre, in welcher die Gäste sich entfalten und Gemeinsamkeiten und Interessantes „entdecken" können. Er kümmert sich um die Einhaltung von Hausregeln, begleitet Betrunkene hinaus, hilft bei Notfällen, eröffnet und beendet die Party.

Als Moderator haben Sie eine ähnliche Aufgabe: Sie müssen Ihre Gruppe „am Laufen" halten, dafür sorgen, dass alle Teilnehmer in die Diskussion einbezogen werden beziehungsweise bleiben und dass jeder das Gefühl hat, „dabei gewesen" zu sein. Es ist schließlich Ihre Party!

Einsatzgebiete und Moderationsziele

Die Einsatzmöglichkeiten der Moderationsmethode sind beinahe unendlich vielfältig. Wir wollen - ohne Anspruch auf Vollständigkeit - im Folgenden die in unserer Praxis häufigsten Einsatzgebiete auflisten, um Ihnen dafür ein Gefühl zu geben, und auch, um Sie vielleicht auf den Geschmack zu bringen.

Arbeitsbesprechungen mit vier oder mehr Personen
Gruppen mit weniger als vier Teilnehmern regeln sich im Normalfall von alleine. Damit wirklich produktiv und ergebnisorientiert gearbeitet werden kann, empfiehlt sich das Hinzuziehen eines Moderators ab vier Personen.

Regelmäßige Teamsitzungen
Hier gilt gleiches wie oben: Bei vier oder mehr Besprechungsteilnehmern sollte jemand die Rolle des Moderators übernehmen.

Projektbesprechungen

Projekte haben einen besonderen Status: Die Projektmitarbeiter sind in der Regel Personen aus verschiedenen Abteilungen, die sich dementsprechend zum Teil nicht oder kaum kennen, die hierarchisch gleichgestellt sind und die für das Projekt stundenweise von ihrer eigentlichen Tätigkeit freigestellt sind. Gerade hier gilt es, Sitzungen effizient zu leiten.

Start-up-meeting (Kick-off)

Eine neue Arbeitsgruppe oder ein frisch zusammengestelltes Team beginnt die gemeinsame Arbeit mit einem Meeting, um Grundlagen und Spielregeln für die zukünftige Arbeit festzulegen.

Störungen in der Zusammenarbeit

...untereinander und/oder mit dem Vorgesetzten (z.B. Vertrauensdefizite, Konflikte, ineffektive Besprechungen o.ä.) behindern die Effizienz.

Mangelnde kommunikative Fähigkeiten

...und/oder Methodenkenntnisse bei den Teammitgliedern blockieren oder erschweren eine wirkungsvolle Zielerreichung (z.B. mangelhafte oder fehlende Beherrschung von Kommunikations- oder Arbeitstechniken, unsystematische Vorgehensweise, Fehlen von normierenden „Spielregeln" usw.)

Optimieren der Zusammenarbeit von Arbeitsteams

Das Team und seine Mitglieder sollen sich bei der Reflexion über ihre Zusammenarbeit zu bereichsüberschauenden Elementen der Unternehmensorganisation entwickeln.

Effizienzsteigerung von Teams

Die Leistungskraft und -bereitschaft bestehender Teams soll neu entzündet oder bei neugebildeten Teams möglichst schnell volle Leistungsfähigkeit erreicht werden.

Workshops aller Art

Es gibt sowohl eine Fülle von Anlassfällen für Moderationen als auch verschiedene Ziele. Diese verlangen teilweise unterschiedliche Maßnahmen.

Moderation in verschiedenen Kontexten

...im Workshop moderieren

Wenn Personalverantwortliche oder Trainer von Moderation sprechen, meinen sie damit meistens die Moderation von Workshops oder von (Groß-) Gruppenveranstaltungen wie z.B. Open Space[1] oder World Café[2].

Bei klassischen Workshops werden im Unterschied zu Besprechungen, Trainings oder auch Mediationen tatsächlich alle Moderationsphasen durchlaufen. Der Workshop ist sozusagen das Paradebeispiel für die Moderationsmethode, auch weil der Auftrag für den Moderator und die Eigenverantwortung der Workshopteilnehmer bekannt und mit der Moderationsmethode klar vereinbar sind (während bei Besprechungen meistens Distanz und hierarchische Unabhängigkeit nicht gegeben sind, im Training wiederum mehr Input vom Vortragenden erwartet wird etc., Details dazu weiter unten).

---

[1] HARRISON Owen, Open Space Technology, 2001, Klett-Cotta
[2] JUANITA Brown, David Isaacs, Das World Café, 2007, Carl-Auer

...in der Besprechung moderieren

Streng genommen besteht zwischen Moderation und Besprechungsleitung kein Unterschied. Moderation stellt vielmehr eine spezielle Methode innerhalb der Besprechungsleitung dar. Moderieren bedeutet ja gerade eben, eine Gruppe unter Verwendung spezifischer Arbeitstechniken ziel- und ergebnisorientiert zu lenken. Das ist auch die ureigene Aufgabe eines Besprechungsleiters.

In der beruflichen Praxis wird im Allgemeinen freilich sehr wohl zwischen den Begriffen „Moderator" und „Besprechungsleiter" unterschieden. Warum diese Unterscheidung, wenn das eine doch eigentlich Teil des anderen ist?

Unter einem Moderator wird meistens eine Person verstanden, die vom Besprechungsthema nicht bis wenig tangiert wird und die sich an der inhaltlichen Diskussion auch nicht beteiligt. Die Ergebnisse der Veranstaltung haben keine Auswirkungen auf ihn. Moderatoren in diesem Sinne können Unternehmensexterne sein oder aber Personen, die zwar im Unternehmen tätig, fachlich aber einer anderen Unternehmenseinheit zugehörig sind (beispielsweise ein Mitarbeiter aus dem Bereich Human Resources, der eine Werkmeistersitzung zum Thema Qualitätssicherung moderiert). Inhaltlich unbeteiligte Moderatoren können sich ganz auf die *Prozess-Steuerung* konzentrieren.

Der klassische Besprechungsleiter hingegen ist normalerweise sowohl von den Besprechungsinhalten wie auch vom

Ergebnis der Besprechung betroffen. Er ist häufig der Rang-
höchste in der Teilnehmerrunde und hat infolgedessen zumeist
auch zusätzliche Aufgaben, die ein (externer) Moderator im
Regelfall nicht hat. Dazu gehören unter anderem die Erstellung
der Tagesordnung, die Einladung der Teilnehmer, der Versand
der Besprechungsprotokolle an die einzelnen Teilnehmer und
die Überprüfung der Durchführung beziehungsweise Einhaltung der in der Besprechung getroffenen Vereinbarungen.

Eine Besprechung als inhaltlich Betroffener professionell
zu moderieren, stellt aus zumindest zwei Gründen eine große
Herausforderung dar: Einerseits ist es sehr schwierig, die Prozessebene klar von der Inhaltsebene zu trennen. Sollten die
Teilnehmer das Gefühl bekommen, dass der Besprechungsleiter einzelne Moderationswerkzeuge gezielt einsetzt, um seine
eigenen inhaltlichen Standpunkte besser durchzusetzen, wird
er sehr schnell die Akzeptanz als Moderator verlieren – auch
wenn er kraft seiner Position im Unternehmen nach wie vor
Besprechungsleiter bleibt.

Zum anderen ist es enorm anstrengend, sich über einen
längeren Zeitraum auf die beiden Ebenen Inhalt und Prozess
gleichzeitig zu konzentrieren. Die Kunst und das Ziel des Mo-
derierens besteht ja unter anderem darin, das Geschehen sozusagen aus der Metaebene beobachten zu können und sich dem
entsprechend nicht in inhaltlichen Diskussionen zu verlieren.
Wenn gefragt wird, ob Besprechungsleitung und Moderation
dasselbe sind, macht es also offensichtlich Sinn, zwischen dem

Begriff der Prozesssteuerung und der Steuerung des inhaltlichen Prozesses zu unterscheiden:

Wenn Sie im Sinne obiger Moderationsdefinition als Moderator tätig sind, sind Sie zuallererst für die Prozesssteuerung verantwortlich, das heißt für die Frage, *wie* die Themenstellung bearbeitet werden soll. Sie richten ihr Augenmerk darauf, in welcher (Moderations-)Phase die Gruppe sich gerade befindet und welche Moderationswerkzeuge zum jeweiligen Besprechungsinhalt passen. Insofern müssen Moderatoren auch nicht Experten hinsichtlich der Besprechungsthemen sein.

Arbeiten auf der Inhaltsebene hingegen meint das *Was* des Arbeitsinhaltes, den Diskussions- und Verhandlungsprozess, der durch unterschiedliche Standpunkte zur jeweiligen Themenstellung in Gang gesetzt wird. Hier geht es um den Meinungsaustausch, das Annehmen und Zurückweisen von Argumenten, die inhaltliche Positionierung und deren Verteidigung beziehungsweise Neupositionierung und das Erarbeiten von adäquaten Lösungsvorschlägen.

Dieser Prozess ist oftmals mit (mehr oder weniger starken) Emotionen verbunden, und umso intensiver Sie auf der Inhaltsebene arbeiten, desto schwieriger ist es, gleichzeitig auch die Prozessebene ausreichend zu berücksichtigen. Insofern macht es Sinn, insbesondere bei inhaltlich schwierigen und emotionalen Themen einen externen Moderator mit der Diskussionsleitung zu betrauen.

...in der Mediation moderieren

Der Mediator nimmt schon von seiner gesetzlich geregelten Aufgabenstellung her weitgehend die Aufgaben eines Moderators wahr.

So definiert in Österreich das Zivilrechtsmediationsgesetz Mediation in § 1 Abs. 1 ZivMediatG: "eine auf Freiwilligkeit der Parteien beruhende Tätigkeit, bei der ein fachlich ausgebildeter, neutraler Vermittler (Mediator) mit anerkannten Methoden die Kommunikation zwischen den Parteien systematisch mit dem Ziel fördert, eine von den Parteien selbst verantwortete Lösung ihres Konfliktes zu ermöglichen.".

Betrachten wir dazu noch einmal die eingangs angeführte Definition:

Bei einer Moderation wird eine Gruppe von einem Moderator mit dem Ziel und der Aufgabe geleitet, unter der Zuhilfenahme verschiedener Arbeitstechniken den gemeinsamen Ergebnisfindungsprozess produktiv, zielorientiert, konfliktvermeidend und ergebnissichernd unter Berücksichtigung und Einbeziehung der Kompetenzen und Meinungen aller Teilnehmer zu gestalten.

Auffällig ist natürlich der Unterschied in Hinblick auf den „Konfliktbegriff". Geht es in der Moderation vornehmlich darum, Konflikte gar nicht erst aufkommen zu lassen oder möglichst auszuklammern (was gerade bei unterschiedlichen Ideen oft gar nicht sinnvoll ist), so ist es die Aufgabe der Mediation, einen bereits ausgebrochenen Konflikt zu lösen.

Sowohl von der Stellung als auch den Aufgaben des Mediators und des Moderators her sind jedoch die Gemeinsamkeiten besonders auffallend. So sind beide inhaltlich neutral und als Prozessexperten und Katalysatoren berufen. Beide können inhaltlich nicht entscheiden oder bestimmen. Beiden gleich sind – mehr oder weniger – freiwillige und selbstverantwortliche Teilnehmer.

Mediation und Moderation haben in der jeweiligen Herangehensweise also offensichtlich viele Gemeinsamkeiten. Allerdings hat man in der Mediation häufig mit Konfliktpaaren zu tun und kann in dem Fall nicht von einer Gruppe sprechen. Die Aufgaben an sich bleiben aber natürlich die gleichen, unabhängig davon, mit wie vielen Medianden gearbeitet wird.

In der Mediationsliteratur werden daher auch ähnliche Phasen wie in der klassischen Moderation unterschieden, wiewohl sie anders benannt werden und weniger zahlreich sind. Wenn Sie daher die Moderationsphasen kennen, so werden Sie sich in der Mediation sehr schnell zu Hause fühlen. Im Folgenden wollen wir im Detail auf die Gemeinsamkeiten und Unterschiede der einzelnen Phasen eingehen:

In der Mediation spricht man meistens von der Einleitung, der Bestandsaufnahme, der Konfliktbearbeitung und der Vereinbarungsphase. Oft nicht explizit erwähnt werden die Vorbereitungsphase und die Phase der Themenfestlegung.

Natürlich müssen auch Mediatoren sich im Vorfeld verschiedene Fragen zur optimalen Vorbereitung stellen – insofern gibt es diese Phase natürlich auch in der Mediation. Allerdings ist in den meisten Fällen tatsächlich eine genauere Vorabbehandlung des Konflikts unmöglich oder kontraproduktiv. So soll der Mediator ja allparteilich wirken und daher Vorgespräche mit einzelnen Parteien eher vermeiden (wenn, dann zu gleichen Teilen mit allen involvierten Parteien).

Gerade die Beschreibung des Konflikts aus der Sicht der jeweiligen Konfliktpartei ist aber auch Bestandteil der emotionalen Bearbeitung ebendieses. Deshalb wird diese Beschreibung vorab nur sehr grob vorgenommen und der eigentlichen Mediation vorbehalten. Hingegen gibt es bei der Mediation einen – oft schriftlichen - Mediationsvertrag, der Aufgaben und Honorar regelt und in der Moderation in dieser Form nicht vorkommt.

Die Phase 1 „Einleitung" deckt sich weitgehend mit der Moderationsphase 2 „Einstieg", mit dem einzigen Unterschied, dass in der Mediation seltener eines der klassischen Moderationstools der Einstiegsphase zum Einsatz kommen wird – die Medianden kennen einander in der Regel bereits lange. Die Zielsetzungen dieser Phase sind auf jeden Fall in der Mediation wie in der Moderation dieselben: den Teilnehmern beziehungsweise Medianden Orientierung zu geben, was wann in welcher Form passieren wird, und eine positive und arbeitsfördernde Atmosphäre zu kreieren.

Da die Mediation in den meisten Fällen für die Teilnehmer neu ist, geschieht das, was in den Anfängen der Moderationsmethode auch hier sehr notwendig war. Sie müssen genau erklären, was Ihre Aufgabe und Verantwortung ist, was Sie zu tun vermögen, aber auch, was in der Eigenverantwortung jedes Einzelnen bleibt. Danach ist die konkrete Zustimmung jedes Einzelnen nochmals einzuholen, ob er in den Mediationsprozess einsteigen will. Klar festgehalten werden muss auch, dass die freiwillige Teilnahme jederzeit unterbrochen werden kann.

Im Regelfall dauert daher dieser erste Teil bei der Mediation ein gutes Stück länger als in der Moderation. Im Vergleich ist die Phase auch bei einem vorhandenen Konflikt viel heikler, da bereits der richtige Einstieg oft endgültig über die Akzeptanz des Mediators und der Methode entscheidet.

Die „Bestandsaufnahme" (Phase 2 in der Mediation, Phase 3 in der Moderation) deckt in beiden Arbeitskontexten das grundsätzlich gleiche Ziel ab: Während in der Moderation die Besprechungs-, Workshop- und manchmal auch Seminarziele definiert werden, geht es in der Mediation darum, die Konfliktpunkte herauszuarbeiten, über die in weiterer Folge Einigung erzielt werden soll. Die Ziele und Moderationsmethoden dieser Phase decken sich somit weitgehend, wobei die Bedeutung der Themensammlung für den Konflikt zentral ist. Oft werden erstmals Gefühle, Sorgen, Ängste und Ärger genannt, die für den Konfliktgegner in dieser Form neu sind und auch eine geänderte Sichtweise hervorrufen (sollen). „So war das doch gar nicht gemeint!" oder „Das wollte ich doch nicht!"

sind durchaus Ausrufe, die der Mediator gut kennt. Mehr noch als ein Moderator *fördert* er sogar Gefühlsausdrücke und -beschreibungen, da diese oft zum gegenseitigen Verständnis beitragen. Im Gegensatz dazu läuft bei der klassischen Moderation ein eher technischer Prozess ab.

Die Phase 4 „Themenfestlegung" wird in der Mediation nicht eigens beschrieben, was natürlich nicht heißt, dass es sie nicht gibt. Vielmehr ist sie integrativer Bestandteil der Phase „Bestandsaufnahme". „Themenbearbeitung" (Phase 5 in der Moderation) und „Konfliktregelung" (Phase 3 in der Mediation) sind identisch. In jedem Fall bilden sie das Herzstück der eigentlichen Arbeit. Hier werden Meinungen ausgetauscht, kontroversielle Standpunkte geklärt, Lösungsoptionen entwickelt, Zwischenergebnisse festgehalten und erste Schritte hin zum Treffen von Vereinbarungen gemacht. Die klassischen Moderationsmethoden können auch in der Mediation zum Einsatz kommen. Auch die nächste Phase ist in beiden Arbeitskontexten deckungsgleich: Man spricht sowohl in der Moderation als auch in der Mediation von der „Vereinbarungsphase". Während in der Moderation hier sehr oft mit dem Maßnahmenplan gearbeitet wird, kommt dieser in seiner stark vorstrukturierten Form in der Mediation eher selten vor.

Wie schon die Phase „Themenfestlegung" wird auch die Phase „Abschluss" (Phase 7 in der Moderation) in der Mediation oft nicht so explizit angeführt, sondern als Abschluss der Bearbeitungsphase praktisch „mitgenommen". Die Form unterscheidet sich dabei sehr stark von Fall zu Fall und auch abhängig von den Medianden. Manchmal reicht wie in der Moderation eine Art Festlegung der nächsten Schritte auf dem Flipchart. Sehr oft gibt es aber auch ein Schriftstück, welches vorerst stichwortartig wesentliche Punkte der Vereinbarung auflistet und erst nach der Mediation transkribiert wird. Hier hat der Mediator auch gesetzliche Sorgfaltspflichten zu beachten, denn die Vereinbarung muss auch gerichtlicher Nachprüfung standhalten können.

...im Training moderieren

Zuletzt wollen wir uns noch mit der Frage auseinander setzen, wo Verbindungen zwischen Moderation und Seminarleitung bestehen und wo Unterschiede auftauchen:

Beginnen wir mit dem grundlegenden Unterschied zwischen Seminarleiter und Moderator:

Ersterer tritt als Experte in dem zu unterrichtenden Fach auf. Er ist derjenige, der im Normalfall mehr Wissen zum Thema besitzt als die Teilnehmer und dieses Wissen oder zumindest Teile davon weiter gibt.

Ein Moderator hingegen muss keineswegs mehr Wissen zum Thema der moderierten Veranstaltung haben. Er ist allerdings sehr wohl Experte, was den Moderationsprozess anbelangt. Und es ist für ihn oftmals vorteilhafter, sich nicht inhaltlich einzubringen, um sich ganz auf die Prozessebene konzentrieren zu können.

Und dennoch ist ein Seminarleiter gleichzeitig auch Moderator. Dann nämlich, wenn er Gruppenprozesse initiiert und begleitend steuert. In dem Moment spricht man von Moderation innerhalb eines Seminars. Wenn Lernprozesse angeregt werden sollen, indem zum Beispiel Kleingruppen gebildet und mit Arbeitsaufträgen versehen werden. Oder wenn zu einem bestimmten thematischen Input Ideen mittels Brainstorming gesammelt werden. Insofern hat auch der Seminarleiter mannigfaltige Moderationsaufgaben, wobei in einem (klassischen)

Seminar nicht zwangsläufig alle Moderationsphasen durchlaufen werden.

Als Seminarleiter haben Sie im Regelfall ein mehr oder weniger stark vorstrukturiertes Seminarprogramm, das laut den Ausschreibungskriterien oder nach Absprache mit dem Auftraggeber erstellt wurde. Insofern machen beispielsweise die Moderationsphasen 3 und 4, „Bestandsaufnahme" und „Themenfestlegung" wenig Sinn. Sie können und werden natürlich oftmals zu Beginn eines Seminars die Erwartungen der Teilnehmer abfragen und diese mit dem von Ihnen vorbereiteten Programm abgleichen, insofern gibt es Parallelen zur Phase „Bestandsaufnahme". Doch sind Sie selbst inhaltlich an den Seminarauftrag gebunden und können, auch wenn sämtliche Teilnehmer das wünschen sollten, vereinbarte Inhalte nicht einfach „unter den Tisch fallen lassen".

Auch die Phase 6, „Vereinbarungen treffen" wird im klassischen Seminar eher selten vorkommen, wobei auch hier angemerkt sei, dass im Sinne der Lerntransfer-Sicherung es durchaus üblich ist, dass die Teilnehmer mit sich selbst oder mit anderen Teilnehmern Vereinbarungen bezüglich des weiteren Umgangs mit dem neu erworbenen Wissen treffen. Siehe dazu auch den Abschnitt „Vereinbarungen treffen im Seminar" ab Seite 126.

Der Faktor Zeit in der Moderation

Zeit beziehungsweise der Umgang mit der zur Verfügung stehenden Zeit spielt in jeder moderierten Veranstaltung eine wesentliche Rolle, unabhängig davon, ob es sich um einen Workshop, ein Training, eine Mediation oder eine Besprechung handelt. Aus vielen Gesprächen und Trainings mit Führungskräften wissen wir, dass insbesondere bei Besprechungen prinzipiell zu wenig Zeit für die Bearbeitung aller Themen zu Verfügung zu stehen scheint. Nun stellt sich die Frage, ob tatsächlich zu wenig Zeit gegeben beziehungsweise vom Auftraggeber zugestanden worden ist, oder ob es in vielen Fällen nicht eher eine Frage einer ineffizienten Nutzung der gegebenen Zeit ist. In jedem Fall ist es sowohl für die Besprechungs- oder Workshopteilnehmer als auch für den Moderator sehr unbefriedigend, wenn Fragestellungen nur oberflächlich behandelt werden können oder mitten im Arbeitsprozess aus Zeitmangel abgebrochen werden muss.

Natürlich ist es nicht einfach, bisweilen sogar fast unmöglich, jede Arbeitseinheit im Vorhinein zeitlich exakt zu planen. Wir glauben jedoch, dass eine möglichst optimale Nutzung der Zeit ermöglicht wird durch

1. eine gründliche Abklärung der Ziele und Teilziele der Veranstaltung
2. eine gründliche Vorbereitung auf den Teilnehmerkreis

3. eine intensive Überlegung, wann welche Methoden eingesetzt werden

4. die Ausarbeitung von Alternativplänen für die Durchführung der Veranstaltung

5. das konsequente Einplanen von Pufferzeiten und (bei
   Themenabweichungen) die konsequente Rückführung auf
   das eigentliche Thema

Ad 1 – Ziele der Veranstaltung

Im Zuge des Vorgespräches hinsichtlich der Veranstaltungszie-
le stellt sich häufig heraus, dass ein Auftraggeber mehrere,
teilweise sehr unterschiedliche und teilweise sehr allgemein
formulierte Ziele nennt.

Hier ist es wichtig, diese Ziele einerseits in präzise formulierte Teilziele zu zerlegen und für diese jeweils einen realisti-
schen Zeitrahmen festzulegen. Wir können leider keine allge-
meingültigen Information zu der Frage geben, wie viel Zeit für
die Bearbeitung welcher Fragestellung von Nöten ist. Letztendlich ist dies eine Frage, die sich aus unterschiedlichen Kompo-
nenten zusammensetzt: Anzahl der Teilnehmer an der
Veranstaltung, Ausmaß der Vorbeschäftigung der Teilnehmer
mit der Fragestellung, Anzahl und Detailgrad (und somit Breite und Tiefe) der Fragestellungen und andere mehr. In jedem
Fall kann man festhalten: Umso präziser Sie die Veranstal-
tungsziele definiert haben, desto besser wird die Zeitplanung
gelingen.

Ad 2 – Teilnehmer

Hinsichtlich der Teilnehmer sind für die Zeitplanung mehrere Faktoren ausschlaggebend:

Anzahl der Teilnehmer:

Gruppen bis zu 4 Teilnehmern regeln und organisieren sich praktisch alleine, ab 4 Teilnehmern macht der Einsatz eines Moderators Sinn, ab zirka 15 Teilnehmern empfehlen wir, mit einem Co-Moderator zu arbeiten. Umso mehr Teilnehmer Sie haben, desto straffer müssen Sie arbeiten und umso stärker müssen Sie Ihre Zeitplanung im Auge behalten.

Im Seminarbereich erleben wir immer wieder eine beinahe paradoxe Situation: Glaubt man, dass bei wenig Teilnehmern sehr viel mehr Zeit für die Bearbeitung der Themen zur Verfügung stehen würde, so ist häufig genau das Gegenteil zu beobachten. Bei kleinen Gruppen (das sind nach unserem Verständnis Gruppen mit 6 - 8 Teilnehmern) bringt sich jeder Einzelne sehr viel mehr ein, stellt mehr Fragen und nimmt sich mehr Zeit für die Anliegen anderer Teilnehmer. Infolgedessen benötigt man für die jeweiligen Arbeitseinheiten mitunter gleich viel Zeit wenn nicht sogar mehr, als das in großen Gruppen der Fall ist.

Vorwissen der Teilnehmer zum Thema:
Es kann mitunter sehr zeitraubend sein, alle Anwesenden auf den gleichen Wissensstand zu bringen. Klären Sie bereits im Vorgespräch ab, wie homogen der Wissensstand der Teilnehmer hinsichtlich der zu bearbeitenden Themen und Fragestellungen ist.

Vorwissen der Teilnehmer zur Moderationsmethode:
Hier gilt ähnliches wie im vorigen Punkt. Mit „moderationserfahrenen" Gruppen zu arbeiten, spart in der Regel Zeit. Sie müssen die Moderationsmethode an sich (beziehungsweise einzelne Moderationstools) nicht mehr erklären und Gesprächs- und Arbeitsregeln nicht mehr vereinbaren.

Grad der Vertrautheit der Teilnehmer untereinander:
Kennen einander die Teilnehmer bereits mehr oder weniger gut, benötigen Sie weniger Zeit für die Phase 2, „Einstieg", bei regelmäßigem Zusammenkommen der selben Gruppe fällt diese Phase zumeist ganz weg. Auch arbeiten Gruppenmitglieder, die sich bereits länger kennen, ganz allgemein zügiger als neu zusammengeführte Gruppen.

Ad 3 – Methodeneinsatz
Auswahl und Art des Einsatzes der jeweiligen Moderationsmethode haben wesentlichen Einfluss auf die Dauer der Veranstaltung. Hier ist eine exakte Planung unerlässlich. So macht es beispielsweise einen wesentlichen Unterschied, ob Sie meh-

rere Kleingruppen parallel an unterschiedlichen Themen arbeiten lassen oder alle Kleingruppen am selben Thema oder aber das Thema in der Großgruppe bearbeiten. Wir haben bei der Beschreibung der einzelnen Moderationswerkzeuge auch eine ungefähre Angabe für die jeweils benötigte Zeit angegeben, damit Sie etwas leichter planen können.

Ad 4 – Alternativpläne

Insbesondere in Workshops werden Sie häufig mit dem Umstand konfrontiert, dass die geplanten Zeiten nicht eingehalten werden können. Um also wirklich entspannt starten zu können, sollten Sie für jede Arbeitseinheit beziehungsweise jeden Arbeitsschritt eine Alternative (z.B. ein anderes Medium, eine andere Gruppeneinteilung, ein vorgegebenes Zeitlimit) zur Hand haben. So können Sie ganz flexibel reagieren, wenn Sie merken, dass Sie viel schneller oder langsamer als geplant weiterkommen.

Ad 5 – Pufferzeiten

Planen Sie die Arbeitszeiten großzügig! Wenn Sie mit einem Arbeitsschritt schneller fertig sind, ist das ein kleineres Problem als umgekehrt, wenn Sie mehr Zeit benötigen. Und für allfällig frei werdende Zeiten planen Sie Auflockerungsübungen[3] und Aktivitäten, die Spaß machen.

---

[3] Empfehlenswert Bernd WEIDEMANN, Handbuch Active Training, 2006, Beltz Verlag

KAPITEL 2
PERSÖNLICHE VORAUSSETZUNGEN FÜR DEN MEISTERMODERATOR

Als Moderator steht man – ob man möchte oder nicht – im Zentrum der Aufmerksamkeit, man ist Orientierungspunkt für die Teilnehmer der jeweiligen Veranstaltung. Dies gilt insbesondere für die folgenden drei Bereiche:

1. **Die kommunikative Ebene**: Welche Sprache spricht der Moderator? Wie drückt er sich aus? Wie verständlich ist er?

2. **Die Leitungsebene**: Wie stark lenkt er die Gruppe? Wo lässt er ihr welchen Freiraum? Wie geht er mit dem Faktor Zeit um?

3. **Die strukturelle Ebene**: Welche Moderationswerkzeuge setzt der Moderator wann ein? Welche Arbeitsvorschläge macht er? Wie strukturiert und visualisiert er Arbeitsprozess und Arbeitsergebnisse?

Die **kommunikative Ebene** umfasst die Themen Sprache, Auftreten und Präsentations-Know-how. Für Moderatoren ist es wichtig, die klassischen Moderationstechniken im sprachlichen

Bereich zu kennen. So muss er sich z.B. im Klaren darüber sein, welche Wirkungen unterschiedliche Aufgabenformulierungen und Fragearten entfalten.

Dabei geht es einerseits um die Fähigkeit, sich klar und verständlich auszudrücken (somit also um rhetorische Fähigkeiten).[4] Andererseits hängt von der Formulierung nicht nur die Verständlichkeit, sondern auch das Ergebnis der Aufgabenstellung ab.

Praxistipp:

Nehmen wir den Fall an, dass es über längere Zeit einen stetigen Umsatzrückgang gegeben hat. Ein eintägiger Workshop wird einberufen, um über die Situation zu beratschlagen. Sie überlegen, die Themenbearbeitungsphase mit einer der folgenden Aufgabenstellungen einzuleiten:

1) Bitte überlegen Sie, ob es Möglichkeiten gibt, den Umsatzrückgang aufzuhalten.

2) Bitte überlegen Sie, welche Möglichkeiten es gibt, unseren Umsatz wieder zu steigern.

3) Bitte finden Sie 3 unterschiedliche Ansätze, um unseren Umsatz nachhaltig/rasch zu steigern.

4) Überlegen Sie das größte Hindernis zum jeweiligen Ansatz und dazu gleich zwei Möglichkeiten, diese zu überwinden.

Können Sie sich vorstellen, wie unterschiedlich die Teilnehmer an die Arbeit gehen werden?

---

[4] Siehe TALAB Der Verhandlungsmeister S 111 ff

Bei 1) wird sehr viel Energie dabei verloren gehen, alle Hindernisse und Probleme zu finden, die einer Veränderung entgegenstehen. Durch die Frage „ob" ist ja für die Gruppe nicht gesichert, dass es überhaupt Lösungen gibt. Deshalb wird das vorerst einmal besprochen werden müssen.

Den „Umsatzrückgang aufhalten" ist zudem eine defensive Schiene, auf welche die Teilnehmer gesetzt werden. Sie konzentrieren sich dabei auf die „Verhinderung" von Schlechtem.

Hingegen ist die Fokussierung auf eine positive Verbesserung wie in 2) „Umsatz wieder zu steigern" jene Stoßrichtung, die viel eher zu kreativen und umsetzbaren Ergebnissen führen wird.

Bei 3) wiederum gibt der Moderator mit „3 unterschiedlichen Ansätzen" vor, dass es mehrere Lösungen geben wird. Das ist deshalb sehr sinnvoll, da viele Gruppen (noch vom Mathematikunterricht der Schule geprägt) nach der einen richtigen Lösung suchen. Nicht nur, dass so kreative Lösungen schwer zustande kommen, weil jede Lösung mit dem hohen Standard der einen richtigen Lösung verglichen wird - viele Gruppen hören automatisch nach dem ersten Lösungsansatz zu suchen auf. Dem wirkt diese Aufgabenstellung entgegen.

Zusätzlich bewirkt die erweiterte Aufgabenstellung bei 4), dass Hindernisse in der Gruppe nicht nur genannt werden (was meist ohnehin geschieht), sondern dass für diese im selben Zuge auch Lösungen entwickelt werden.

Auch die für jeden Moderator grundlegende Technik des Zusammenfassens erfordert eine hohe Kommunikationssensibilität, denn die einfach anmutende Technik erfordert es, in der Lage zu sein, aktiv zuzuhören, dabei die wesentlichen Punkte herauszuarbeiten, das Gehörte so zu formulieren, dass es für alle gut verständlich ist, es übersichtlich zu strukturieren und schlussendlich optimal zu visualisieren.

Auf der **Ebene der Gruppenleitung** geht es um die Frage, wie stark und auf welche Weise der Moderator die Gruppe lenkt. Hier ist nicht ein Lenken in eine bestimmte inhaltliche Richtung gemeint, sondern die Auswahl und der Einsatz der passenden Moderationswerkzeuge einerseits und die Herstellung produktiver Arbeitsbedingungen (Gruppengröße, Bereitstellung von Hilfsmitteln, Involvierung der Teilnehmer bei Ergebnispräsentationen) andererseits.

Auf der **strukturellen Ebene** geht es um die Frage, welche Moderationswerkzeuge der Moderator kennt, beherrscht und einsetzt. Zu den Werkzeugen gehört das Wissen um den Moderationszyklus und die für die jeweiligen Moderationsphasen passenden Arbeitsmethoden (Einstiegsmethoden, Ein- und Mehrpunktabfragen, Kärtchenmethoden, Kreativmethoden, Maßnahmenplan usw.). Ebenso geht es auf der strukturellen Ebene darum, wie der gesamte Arbeitsprozess gestaltet wird, wann welche Arbeitsmethoden und Übungen eingesetzt werden, ob und wann in Kleingruppen beziehungsweise im Plenum gearbeitet wird und wann und wie visualisiert wird.

Auf diese Punkte werden wir ab dem Kapitel 2, „Moderationsphasen" sehr detailliert eingehen.

Der Moderator hat darüber hinaus dafür zu sorgen, dass die für die Veranstaltung zur Verfügung stehende Zeit effizient genutzt wird, er ist also nicht nur Prozessbegleiter sondern auch Hüter der Zeit.

Ein Moderator besitzt im Idealfall also Wissen und Erfahrung zu den Themen Gruppendynamik, Lernpsychologie, Kenntnisse verschiedener Moderationsmethoden und Erfahrung in der Leitung von Individuen und Gruppen.

Im Folgenden setzen wir uns mit der kommunikativen Ebene und mit der Ebene der Gruppenleitung auseinander.

Gesprächslenkung in der Moderation

Als Moderator stellen Sie für alle Anwesenden einen Orientierungspunkt dar, Sie haben gewissermaßen Vorbildwirkung, auch und gerade auf kommunikativer Ebene. Wenn Sie einen Teilnehmer in seinem Wortbeitrag unterbrechen, werden auch Andere dies tun. Wenn Sie lange Monologe halten, ermuntern Sie die Teilnehmer zu ebensolchem Verhalten. Wenn Sie einem Teilnehmer nicht zuhören, werden Andere ebenso wenig zuhören.

Daher ist es wichtig, sich sehr bewusst auf die Teilnehmer zu konzentrieren, nachzufragen, zusammenzufassen und sowohl durch verbale als auch nonverbale Reaktionen zu zeigen, dass Sie auf sie eingehen. Diese Aufmerksamkeitsbereitschaft gibt den Teilnehmern die Möglichkeit, sich für ihre Statements beziehungsweise Antworten Zeit zu nehmen. Infolgedessen werden die Aussagen in der Regel präziser formuliert und die Zuverlässigkeit der Informationen wird erhöht. Gerade das Präzisieren von Aussagen ist ein essenziell wichtiges Element in jeder Besprechung um Missverständnisse möglichst auszuschließen und damit letztendlich Zeit zu sparen.

Darüber hinaus geht es darum, jene etwas zu bremsen, die sich sehr schnell, sehr oft und manchmal auch etwas lauter als Andere einbringen. Umgekehrt ist es ebenso Aufgabe des Moderators, zurückhaltende Teilnehmer mit ins Boot zu holen.

Dadurch stellt der Moderator ein Gleichgewicht in der Gesprächsführung her und bewahrt dieses – eine Grundvoraussetzung für eine positive Gesprächsatmosphäre und für produktives gemeinsames Arbeiten.

Für Moderatoren geht es also darum, einen Weg zu finden, den Gesprächsverlauf innerhalb der Gruppe dezent aber bestimmt zu lenken. Sehr einfache und effiziente Methoden dafür sind die sogenannten Spiegeltechniken und die Meta-Modell-Fragen. Erstere dienen vor allem der Gesprächslenkung, zweitgenannte der Präzisierung und damit Vertiefung der Diskussionsbeiträge.

Spiegeltechniken

Als Moderator nehmen Sie im Idealfall eine neutrale Haltung sowohl den Teilnehmern als auch den Besprechungsthemen gegenüber ein. Diese Haltung zeigt sich auf sprachlicher Ebene vor allem auch durch den Gebrauch der sogenannten Spiegeltechniken. Man unterscheidet dabei zwischen dem Paraphrasieren, der Verbalisierung und Spiegelung von Gefühlen sowie der Synthese.

Paraphrasieren

Die Paraphrase ist wohl die klassische Moderationstechnik auf sprachlicher Ebene (sofern man im Sprachgebrauch überhaupt von Technik sprechen möchte). Dabei wiederholen Sie das Gehörte einfach mit Ihren eigenen Worten. Zusätzlich können Sie die Aussage verdichten, wobei Sie zu dem Statement des Teilnehmers Ihre eigene Meinung – im Sinne der Moderatorenneutralität – keinesfalls einbringen sollten.

Durch die Wiederholung (die Paraphrase) stellen Sie sicher, dass auch wirklich alle Teilnehmer die Aussage hören. Setzen Sie sie insbesondere dann ein, wenn jemand eine längere oder schwer verständliche Aussage tätigt oder wenn die Diskussion eher hitzig ist, durcheinander gesprochen wird und Sie die Situation wieder beruhigen wollen.

Gleichzeitig sichern Sie sich mit Hilfe des Paraphrasierens die Gesprächslenkung. Sobald Sie nämlich paraphrasieren, sind automatisch Sie am Wort und haben so die Möglichkeit, das Wort an jemand Anderen weiterzugeben, eine Frage ans Plenum zu richten, einen Vorschlag zur weiteren Vorgehensweise zu machen usw.

Gefühle reflektieren

Wenn in der Diskussion Emotionen geäußert werden, können Sie diese in vorsichtiger Form ansprechen. Somit lenken Sie das Gespräch auf die Gefühlsebene, und zumeist ist diese die ausschlaggebendere Ebene, egal, ob Entscheidungen getroffen oder im Nachhinein begründet werden müssen.

Das Ansprechen von wahrgenommenen Gefühlen entschärft in der Regel auch emotional aufgeheizte Situationen. Eine hitzige Diskussion ist zumeist ein Zeichen dafür, dass die Sachebene verlassen wurde und auf emotionaler Ebene „gearbeitet" wird. Sobald diese Emotionen angesprochen werden, können sie quasi versachlicht und somit produktiv bearbeitet werden.

Seien Sie sich bewusst, dass Sie dabei sehr behutsam und vorsichtig sein müssen – Teilnehmer werden stark exponiert, wenn Sie deren Emotionen ansprechen. Selbstverständlich kommt es hier auch auf den Moderationsanlass und die gelebte Kommunikationskultur zwischen den Teilnehmern an. So ist die Bearbeitung von Emotionen in der Mediation geradezu eine Grundvoraussetzung für die Konfliktbearbeitung. Die Moderation einer Großgruppenveranstaltung hingegen wird dafür kein geeignetes Forum sein.

Synthese

Die Synthese ist im Grunde der Paraphrase sehr ähnlich. Sie stellt im Unterschied zur Paraphrase, bei der praktisch jede einzelne Aussage wiedergegeben wird, eine Gesamtzusammenfassung des Gehörten dar, das heißt, dabei werden nach einer etwas längeren Diskussion die Beiträge aller noch einmal für alle (kurz) zusammengefasst. Wie schon bei der Paraphrase geht es hier einerseits darum, alle Teilnehmer auf gleichen Wissensstand zu bringen, andererseits darum, die Gesprächslenkung wieder an sich zu ziehen.

Meta-Modell-Fragen

Die Meta-Modell-Fragen wurden in erster Linie im psychotherapeutischen Kontext beschrieben und angewendet. Im Rahmen einer Moderation können sie dazu eingesetzt werden, Diskussionsbeiträge zu präzisieren, um auf diese Weise unnötige Diskussionen auf Grund von Missverständnissen zu vermeiden – und so letztendlich Zeit zu sparen[5].

Verzerrung

Sprache ist gewissermaßen sehr „unscharf" und unklar, und Worte haben vielfältige Bedeutungen. Dies führt häufig zu Missverständnissen. Dementsprechend ist es in manchen Situationen hilfreich, genau zu hinterfragen, was ein Teilnehmer mit seiner Aussage tatsächlich meint.

Dazu ein Beispiel aus einem Teamentwicklungsworkshop:

Teilnehmer: *„In der Abteilung X herrschen dermaßen chaotische Zustände, dass wir von unserer Abteilung gar nicht mehr auf die zugehen, sondern wir machen uns die Sachen lieber irgendwie selbst. Das kostet zwar Zeit, aber dafür müssen wir uns nicht mit denen herumärgern."*

Moderator: *„Was genau verstehen Sie denn unter chaotischen Zuständen?"*

---

[5] Besonders interessant zum Thema Fragen: Klaus GROCHOWIAK & Stefan HEILIGTAG Die Magie des Fragens, 2002, Junfermann

Teilnehmer: *„Na ja, dort scheint keiner zu wissen, wer wofür zuständig ist. Wenn ich bei denen anrufe, werde ich von Pontius zu Pilatus und wieder zurück geschickt."*

Moderator: *„Wenn es also in der Abteilung für Sie einen fixen Ansprechpartner gäbe, wäre Ihnen damit geholfen?"*

Teilnehmer: *„Ja, das wäre eine riesige Erleichterung."*

Generalisierung

Unter Generalisierung verstehen Kommunikationswissenschaftler das Phänomen, dass wir in unseren Erzählungen und Beschreibungen sehr häufig allgemeingültige Behauptungen aufstellen, hinter denen häufig eine spezielle Einzelerfahrung steht. So lange man sich allerdings auf einer Ebene allgemeiner Problembeschreibungen befindet, verstellt man sich so den Blick auf mögliche Lösungen des konkreten Problems. Dazu ein Beispiel aus einem Mediationsgespräch:

Mediand: *„Niemand aus der ganzen Abteilung steht hinter mir und meinen Vorschlägen."*

Mediator: *„Wenn Sie einmal zurückdenken und die letzten Wochen und Monate Revue passieren lassen: Können Sie sich an eine Situation erinnern, als noch jemand hinter Ihnen gestanden ist?"*

Mediand: *„Ja, ja, Herr X, einer der Ältesten in der Abteilung hat mich immer wieder unterstützt."*

Mediator: *„Gibt es sonst noch jemand, der Sie unterstützt hat?"*

Mediand: *„Doch, da sind schon ein paar Kollegen, die mir immer wieder einmal geholfen haben. Eigentlich habe ich vor al-*

lem das Gefühl, dass mich der Abteilungsleiter und sein Stell-vertreter vor allem in wichtigen Entscheidungen einfach hän-gen lassen."

Jetzt ist das eigentliche Kernproblem erkannt, beziehungsweise sind die Personen, um die es tatsächlich geht, benannt, und an diesem konkreten Punkt kann natürlich auch zielgerichtet wei-tergearbeitet werden.

Tilgung

In Gesprächen und mehr noch in (hitzigen) Diskussionen wer-den – bewusst oder unbewusst – Informationen oder Teile von Informationen vom Sprecher weggelassen. In „normalen" Ge-sprächssituationen wird in der Regel viel Zeit gespart, indem die weggelassenen (getilgten) Informationen von allen Beteilig-ten gedanklich in gleicher Weise hinzugefügt werden. Haben die Teilnehmer jedoch unterschiedliche Erfahrungen, Zugänge und Hintergründe zum Thema, so kommt es im besten Fall nach Beendigung der Moderation zu Eigeninterpretationen („so war das aber nicht gemeint, sondern ganz anders"), im schlechtesten Fall zu Vorwürfen („Es ist doch jedem klar, dass… Wie kann man nur so begriffsstutzig sein").

Damit das nicht geschieht, tut der Moderator gut daran, die Dinge möglichst klar ausformulieren zu lassen, insbeson-dere wenn er vermutet, dass es hier zu Problemen kommen könnte.

So kann der Moderator die getilgten Informationen durch gezielte Fragen sammeln und bewusst machen. Oft gelangt man erst dadurch zu den tieferliegenden Themen. Die klassische Frage, mit der man als Moderator dem Phänomen der Tilgung begegnen kann, lautet:

> *„Gibt es (in dieser Sache) sonst noch etwas, das Ihnen wichtig ist?"*

oder:

> *„Haben wir etwas Wichtiges vergessen?"*

Erst wenn Sie auf diese Frage ein klares „Nein" zur Antwort bekommen haben, können Sie sicher sein, dass mit hoher Wahrscheinlichkeit alle wesentlichen Punkte – und nicht nur die vordergründigen – bereits zur Sprache gekommen sind.

Gruppenleitung in der Moderation

Unabhängig davon, welche Art von Veranstaltung Sie moderieren, geht es zu einem guten Teil immer auch um die Frage, wie stark Sie die Gruppe lenken und wie viel Freiheit Sie der Gruppe einräumen.

Hier ist natürlich nicht von einer Lenkung auf der inhaltlichen Ebene (dem *Was* der Besprechung oder des Workshops oder auch einer Mediation) die Rede, sondern von der Lenkung auf Prozessebene (dem *Wie* der Veranstaltung). Auf dieser Ebene bedeutet eine starke Lenkung, den Teilnehmern ganz klare und unmissverständliche Anweisungen zu geben, was sie wann und wie zu tun haben. Einräumen von (völliger) Freiheit als Gegenpol würde bedeuten, dass dies den Teilnehmern völlig freigestellt ist.

Diese Lenkungsfunktion ist durchaus nicht so machtbesetzt, wie es auf den ersten Anschein aussehen mag. Denn mit der Lenkung kommt auch die Verantwortung, sprich: Übernehmen Sie die Lenkung und damit Verantwortung für viele Bereiche, so müssen Sie sich auch gefallen lassen, wenn Teilnehmer sich beispielsweise über die schlechte Beleuchtung beschweren, obwohl Sie damit gar nichts zu tun haben. Können die Teilnehmer vieles selbst beeinflussen, so müssen sie umgekehrt auch die Verantwortung dafür übernehmen und können diese nicht auf den Moderator abschieben.

Zusätzlich gilt es, nach einer emotionalen Dimension zu differenzieren: Wertschätzung gegenüber Geringschätzung, die der Moderator der Gruppe als Ganzes oder einzelnen Teilnehmern gegenüber zum Ausdruck bringt.

Das kann explizit geschehen, beispielsweise durch einen Dank dafür, dass sich alle Kleingruppen zur vereinbarten Zeit wieder im Seminarraum eingefunden haben.

Zu einem guten Teil geschieht das aber auch implizit, indem Sie durch Körperhaltung, Gestik und Mimik zu verstehen geben, dass Sie unzufrieden sind, beispielsweise weil ein Teilnehmer immer wieder den Raum verlässt, um zu telefonieren.

Kombiniert man nun diese beiden Dimensionsachsen (Lenkung vs. Einräumen von Freiheit und Wertschätzung vs. Geringschätzung), erhält man vier unterscheidbare Moderationsstile:[6]

1. den **Partnerschaftlichen Stil** als Kombination aus Wertschätzung und Lenkung
2. den **Autoritären Stil** als Kombination aus Geringschätzung und Lenkung
3. den **Laissez-faire Stil** als Kombination aus Geringschätzung und Einräumen von Freiheit und zuletzt
4. den **Antiautoritären Stil** als Kombination aus Wertschätzung und Einräumen von Freiheit.

---

[6] In Anlehnung an Friedemann SCHULZ VON THUN, Miteinander Reden, Band 1, Sonderausgabe 2001, S. 162ff

Wertschätzung

ANTIAUTORITÄR   PARTNER-
                                 SCHAFTLICH

Freiheit ←——————————→ Lenkung

LAISSEZ-FAIRE   AUTORITÄR

Geringschätzung

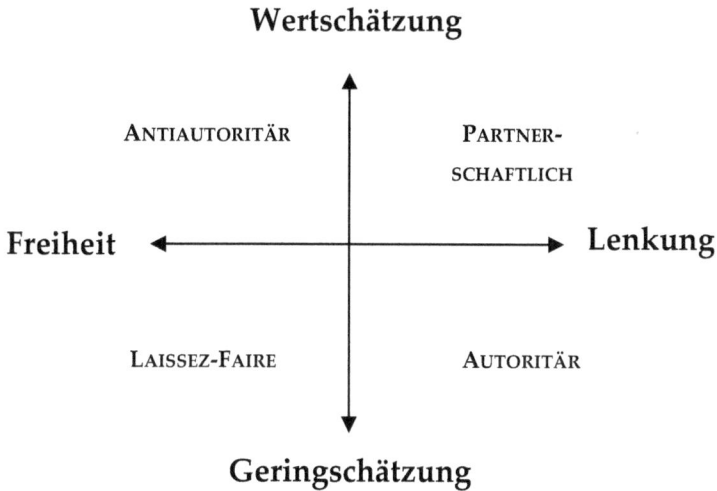

Der autoritäre Stil kombiniert also eine Geringschätzung des Teilnehmers mit einem stark lenkenden Einfluss. Geringschätzung muss dabei nicht wörtlich formuliert werden. *„Herr Muster, öffnen Sie das Fenster!* oder *„Herr Berger, Sie hängen das Flip Chart an die Wand"* kann und wird allein durch die Kürze der Formulierung Geringschätzung ausdrücken.

Der Vorteil des autoritären Stils liegt darin, dass die im obigen Beispiel angesprochenen Personen Berger und Muster ganz genau wissen, was sie zu tun haben und worin ihre Aufgaben bestehen. Darüber hinaus benötigt man bei Anwendung dieses Stils nicht viel Zeit (und auch keine besondere sprachliche Gewandtheit), um seine Anliegen zu formulieren. Der autoritäre Stil hat dementsprechend in Krisensituationen durchaus seine Berechtigung. Moderierte Veranstaltungen sollten aber natürlich keine Krisensituationen sein...

Auf der anderen Seite muss man bei Anwendung dieses Stils damit rechnen, dass sich der Angesprochene gegen die empfundene Abwertung wehrt. Das kann, je nach Machtverhältnis, manchmal offen (*„Was glauben Sie eigentlich, mit wem Sie sprechen?"*, *„Machen Sie das Fenster doch selbst zu!"*) geschehen. Öfter jedoch geschieht es verdeckt durch In-Frage-Stellen von eingesetzten Moderationsmethoden, Anordnungen von Seiten des Moderators oder der Person des Moderators an sich.

Insgesamt kann man zum autoritären Stil also sagen, dass Sie als Moderator zwar sicher sein können, dass Ihre Teilnehmer sehr genau wissen, was Sie von Ihnen wollen, gleichzeitig müssen Sie jedoch mit so massivem Widerstand rechnen, dass Sie inhaltlich nicht mehr arbeitsfähig sind.

Der **Laissez-faire-Stil** lässt bei Geringschätzung des Teilnehmers dessen Freiheit gänzlich uneingeschränkt. Für Moderatoren ist dieser Stil gleichsam Selbstmord. Nicht nur, dass die Veranstaltungsteilnehmer sich – wie bereits beim autoritären Stil näher ausgeführt – gegen die Geringschätzung wehren. Durch die unstrukturiert gegebene Freiheit und das Fehlen von Lenkung bleibt das Erreichen des Veranstaltungsziels dem Zufall überlassen. Der Laissez-faire-Stil stellt somit den schlechtesten aller Stile dar.

Wir wollen an Hand eines kurzen Beispiels einer Moderation im Rahmen eines Seminars verdeutlichen, wie es zum Laissez-faire-Stil kommen und wie dieser in der Praxis aussehen kann:

Die Situation: Sie haben in Ihrem Seminar einen Teilnehmer, der ständig unangenehme Fragen stellt, vielleicht auch immer wieder den von Ihnen vorgeschlagenen Programmablauf hinterfragt, und dessen Telefon regelmäßig störend läutet. Sie haben schon zu Beginn des Seminars ganz allgemein darum gebeten, die Telefone auszuschalten und diese Bitte nach dem ersten Anruf, den der Teilnehmer bekommen hat, wiederholt. Nach zwei weiteren Anrufen sprechen Sie mit dem Teilnehmer in der Pause in einem Vier-Augen-Gespräch und er verspricht Ihnen, sein Telefon auszuschalten. Nach der Pause, Sie sind mitten in einer Kleingruppenübung mit Videoeinsatz, läutet es wieder, worauf sich der Teilnehmer an Sie wendet und feststellt:

TN: *„Geht es eh in Ordnung, wenn ich nur noch dieses Gespräch kurz annehme?"*

Moderator: *„Wozu fragen Sie mich? Sie machen doch offensichtlich ohnehin, was Sie wollen."*

Mit dieser Antwort geben Sie einerseits die Lenkung völlig aus der Hand und gleichzeitig dem Teilnehmer das Gefühl, ein „schlechter" Teilnehmer zu sein – beides wenig zielführend für den weiteren Verlauf Ihrer Moderation.

Der **antiautoritäre Moderationsstil** verbindet einen Verzicht auf klare Lenkung mit Wertschätzung gegenüber den Teilnehmern. Besonders Moderatoren, die (noch) nicht viel Erfahrung besitzen, sind tendenziell gefährdet, die Lenkung zu Gunsten der Wertschätzung herauszunehmen, frei nach dem Motto: *„So lange ich nur freundlich zu den Teilnehmern bin, werden sie schon das Richtige tun."* Lenken in moderierten Veranstaltungen heißt im Regelfall, die (thematische) Richtung vorzugeben und diese dann auch beizubehalten. Tut man dies nicht, verzichtet man also auf die Lenkung, läuft man Gefahr, dass die eigentlichen, heißen Themen umgangen werden, aber dafür *„haben wir uns sehr angeregt und angenehm miteinander unterhalten."*

Der **partnerschaftliche Moderationsstil** ist die Kombination von (klarer) Lenkung der Gruppe beziehungsweise einzelner Teilnehmer mit expliziter Wertschätzung und Akzeptanz eines Standpunktes, der von dem Ihrigen abweicht. Damit ist gemeint, dass Sie als Moderator für die Prozesssteuerung zuständig sind, manchmal auch gegen mehr oder weniger offen geäußerten Widerstand einzelner Teilnehmer. Geben Sie diese Lenkung aus der Hand, verlieren Sie unweigerlich Ihre Position als Leiter.

Das heißt natürlich nicht, dass Sie an Ihrer (inhaltlichen oder methodischen) Position keinerlei Abstriche machen dürfen; sollte Ihr Vorgehen aber für den Prozess wichtig oder gar notwendig sein, so liegt es an Ihnen, dieses zu begründen und auch durchzusetzen. Im Optimalfall aber eben auf partnerschaftliche Art und Weise.

Ziehen wir zur Veranschaulichung des partnerschaftlichen Stils noch einmal das oben angeführte Beispiel mit dem schwierigen Teilnehmer heran. Ihre Antwort – unter Verwendung des partnerschaftlichen Stils – könnte in dem Fall lauten:

TN: *„Geht es eh in Ordnung, wenn ich nur noch dieses Gespräch kurz annehme?"*

Moderator: *„Wir sind gerade mitten in der Kleingruppenarbeit und Sie sind als Übungspartner für Ihre Kollegen sehr wichtig. Darüber hinaus ist es mir ein Anliegen, dass wir die in der Pause getroffene Vereinbarung einhalten, und ich möchte Sie dementsprechend bitten, Ihr Telefonat auf die nächste Pause zu verschieben."*

Der erste Teil der Antwort ist eine explizite Wertschätzung des Teilnehmers, indem Sie ihm zu verstehen geben, dass er für die Kurskollegen und die gemeinsame Arbeit wichtig ist. Teil zwei ist dann der eigentliche Lenkungsteil, in dem Sie Ihren Standpunkt klar formulieren.

Mit diesem Beispiel wird auch ein grundsätzlicher Nachteil des partnerschaftlichen Stils offenkundig: Sie benötigen etwas mehr Zeit für die Ausformulierung, und es ist in der Regel immens schwierig, jemandem explizite Wertschätzung entgegenzubringen, der das umgekehrt wenig oder gar nicht tut und über dessen Verhalten Sie sich möglicherweise gerade ärgern.

Gleichzeitig gilt: Aus kommunikationspsychologischer Perspektive betrachtet kann Ihr Gesprächspartner nur dann seinen Standpunkt ohne Gesichtsverlust verlassen, wenn Sie Wertschätzung entweder seiner Person oder seinem Standpunkt (oder beidem) gegenüber zeigen.

Achten Sie bei Verwendung des partnerschaftlichen Stils vor allem darauf, Ihren eigenen Standpunkt nicht zu verwässern, beispielsweise durch Konjunktive oder sogenannte „Weichmacher" (eigentlich, eventuell, vielleicht), im Sinne von: *„Also mir wäre es eigentlich schon lieber, wenn Sie vielleicht erst in der Mittagspause telefonieren würden."* Umso stärker Sie lenken wollen, desto weniger dürfen in Ihrer Aussage Konjunktive auftauchen.

Und zuletzt wollen wir noch einmal klarstellen, dass der partnerschaftliche Stil nichts mit dem Eingehen von Kompromissen zu tun hat. Sie können und sollen Ihren Standpunkt ganz klar darstellen und vertreten. Tun Sie dies mit Wertschätzung dem Standpunkt des Gesprächspartners gegenüber, sprechen wir von einem partnerschaftlichen Stil.

KAPITEL 3

MODERATIONSPHASEN

Wie lange oder wie kurz eine Moderation auch dauert: Im Regelfall werden verschiedene Moderationsphasen durchlaufen, die dem Moderator und der Gruppe Halt und Struktur geben und einen flüssigen und zielführenden Prozessablauf unterstützen. Einzelne Phasen können dabei durchaus auch verkürzt, im Extremfall sogar ausgelassen werden. Dabei sollte der Meistermoderator jedoch immer den Überblick behalten und sich im Klaren sein, in welcher Phase er sich befindet und welche Schritte und Besonderheiten diese Phase bedingt.

Das ist insofern grundlegend, als die Arbeit des Moderators aus einer Vielzahl verschiedener Aufgaben und dem Einsatz unterschiedlichster Arbeitsmethoden während des Ablaufs besteht. Welche Methode wann eingesetzt wird, richtet sich einerseits nach der zu bearbeitenden Fragestellung, andererseits nach der zur Verfügung stehenden Zeit. Darüber hinaus bestimmt die Moderationsphase, welche konkreten Moderationsmethoden zum Einsatz gelangen können. Dies deshalb, da jede Phase (mindestens) einem eigenen Ziel dient und dementsprechend unterschiedliche Bearbeitungsmethoden verlangt. Es muss allerdings nicht zwangsläufig jede Phase auch tatsächlich vorkommen – so wird beispielsweise in einem Seminar zu einem bestimmten Fachthema mit vom Auftraggeber vorgegebenen Bildungszielen die Phase „Themen sammeln" verkürzt und die Phase „Maßnahmen planen" gar nicht vorkommen.

In diesem Zusammenhang ist es freilich notwendig, ein klares Bild vom Moderationsprozess und seinen Phasen zu haben. Die Moderation kann insgesamt in sieben Phasen geteilt werden:

1) Vorbereitungsphase
2) Einstieg
3) Bestandsaufnahme
4) Themenfestlegung
5) Themenbearbeitung
6) Vereinbarungen treffen
7) Abschluss

Jede dieser Phasen hat eine andere Aufgabe und andere Schwerpunkte. Auch hängen diese von der Art der Veranstaltung und dem jeweiligen Auftrag ab.

Im Folgenden werden wir die verschiedenen Moderationsphasen mit einer Auswahl von jeweils dazu passenden Moderationsmethoden vorstellen:

Phase 1 – Vorbereitung

In der Vorbereitungsphase werden verbindliche Vereinbarungen mit dem Auftraggeber, Vorgesetzten, Klienten oder Teilnehmern bezüglich folgender Punkte getroffen:

- Abklären von Erwartungen und Überprüfung auf Realisierbarkeit

- Konkrete Ausformulierung der Zielsetzung

- Rollenklärung zwischen Moderator und Auftraggeber

- Gemeinsame Kurzüberprüfung der Vorgehensweise, der Werkzeuge und Techniken sowie die Abklärung, ob es Erfahrung seitens der Teilnehmer mit der Moderationsmethode gibt

- Festlegen des Zeitrahmens

- Rahmenbedingungen der Durchführung, Grad und Form eventuell notwendiger Unterstützung, Vertraulichkeit festlegen

- Abklärung des Teilnehmerkreises und des Einladungsformats beziehungsweise Informationsmediums gegenüber den Einzuladenden

Vorbereitung auf die Zielgruppe

Der Begriff „Zielgruppe" umfasst den gezielt ausgewählten Teilnehmerkreis des moderierten Arbeitstreffens. Dies ist der Personenkreis, der einbezogen werden muss, um das angestrebte Arbeitsziel zu erreichen.

Auch die folgende Fragestellung ist denkbar: Wer ist Teilnehmer, und auf wen müssen Sie somit die Veranstaltung ausrichten?

Zur gezielten Vorbereitung kann man sich folgende Fragen stellen:

○ Wer kann Ressourcen zum Ergebnis beitragen?

○ Wer muss in die Entscheidung eingebunden und schon alleine aus diesem Grund bei der Veranstaltung dabei sein?

○ Lässt die Gruppengröße eine effiziente Arbeit zu? Umfasst die Gruppe mehr als 12 Personen, ist es hilfreich, sich einen Moderationspartner zu suchen.

○ Gibt es Gemeinsamkeiten, die die Zielgruppe kennzeichnen, wie etwa Alter, Geschlecht, Beruf, Betriebskenntnisse, Vorwissen usw.?

○ Welche sind die größten zu erwartenden Unterschiede der Zielgruppe?

○ Welches Interesse könnten einzelne Teilnehmer jeweils haben, zur Veranstaltung zu kommen?

○ Welche individuellen Erwartungen haben die Teilnehmer an das Thema?

○ Welche Einstellung haben sie zu mir als Moderator, und welche Erwartungen haben sie an mich?

Das Wissen um die Einstellungen und Erwartungen der Teilnehmer verhindert, dass zentrale Inhalte (aus Sicht der Teilnehmer) vernachlässigt werden und so Frustration erzeugt wird, und dient andererseits zur mentalen Einstimmung auf die Situation.

Für die Veranstaltung selbst müssen folgende Fragen positiv beantwortet werden können:

○ Ist störungsfreies Arbeiten möglich?

○ Sind ausreichende zeitliche Spielräume gegeben?

○ Ist die notwendige (technische) Ausstattung vorhanden?

Checkliste Moderationsvorbereitung

Wer ist meine Zielgruppe? Woher kommen die Teilnehmer? Was tun sie? Welche Funktionen bekleiden sie? Wie viele Teilnehmer werden anwesend sein?	❐
Wie ist meine Gruppe zusammengesetzt? Hierarchisch gleichrangig oder weisungsgebunden? Funktional im selben Bereich? Art der Tätigkeiten ähnlich? Ähnliche Interessen?	❐
Was wollen die einzelnen Teilnehmer? Ziele, Absichten, Erwartungen?	❐
Wie ist der Informationsstand der Teilnehmer? Gibt es Vorwissen über das Problem, Thema etc? Kenntnis der Hintergründe? Fachwissen?	❐
Welche Konflikte können auftreten? Zwischen den eingeladenen Personen? In der Sache? Wie intensiv könnten diese Konflikte werden?	❐

Was ist das Ziel der Besprechung? Veränderung in der Organisationsstruktur, Klärung von Verantwortlichkeiten etc.? Verfügt die Gruppe über Entscheidungskompetenz?	❏
Auf welche Rahmenbedingungen kann ich mich stützen? Veranstaltungsort, Entscheidungsspielraum der Gruppe, mein Entscheidungsspielraum als Moderator?	❏
Wer ist der Auftraggeber? Interessen? Belastungen und Hilfestellung?	❏
Erfahrungen mit der Moderationsmethode? Kennen meine Teilnehmer die Moderationsmethode? Hatten sie in letzter Zeit überflüssige oder erfolglose Besprechungen?	❏

Phase 2 – Einstieg

Die Einstiegsphase dient in erster Linie dazu, die Veranstaltung zu eröffnen, ein positives Arbeitsklima zu schaffen und Orientierung für die gemeinsame Zusammenarbeit zu geben.[7]

Am Beginn jeder Veranstaltung steht die Begrüßung. Sie ist – je nach Teilnehmerkreis und Ziel der Veranstaltung – eher sachlich oder eher persönlich. Diese ersten Schritte prägen das Klima der gesamten Veranstaltung, insofern ist diese Phase sehr wichtig. Seien Sie sich bewusst, dass sich die Teilnehmer stark an Ihrem Verhalten als Moderator orientieren. Erzählen Sie zu Beginn Persönliches von sich, werden die Teilnehmer dies in der Regel ebenfalls tun und somit automatisch ein vertrautes Klima schaffen. Halten Sie sich kurz, werden sich die Teilnehmer ebenfalls kurz halten usw. Es ist in jedem Fall sinnvoll, sich vorab Gedanken über die passenden ersten Worte zu machen und darüber, was Sie zur eigenen Person sagen wollen.

Die formelle Begrüßung der Gruppe sollte verbunden werden mit

○ der Nennung des Anlasses der Veranstaltung,

○ der Vorstellung des Moderators,

---

[7] Vertiefend zu diesem Thema: Karlheinz A. GEIßLER, Anfangssituationen, Beltz Weiterbildung, 1999

- einer Kurzbeschreibung des methodischen Zugangs des Moderators und seine Aufgabe und Funktion,

- der Aufgabe(n) der Teilnehmer,

- einer Vorstellung des Zeitplanes und

- der Klarstellung, was mit den Arbeitsergebnissen geschehen wird.

Darüber hinaus können Sie den vorgesehenen „Fahrplan" bekannt geben, damit die Teilnehmer wissen, „wohin die Reise geht".

Methoden für den Einstieg

Vorstellungsrunde

Beschreibung & Ziel

Wenn Menschen zusammenkommen, die miteinander arbeiten sollen, und die einander nicht oder kaum kennen, entsteht zumeist Unsicherheit bis hin zu Angst. Geben Sie den Teilnehmern daher die Möglichkeit, sich vorzustellen. Dabei sollten Sie jeden Teilnehmer kurz zu Wort kommen lassen, am einfachsten, indem er sich in irgendeiner Form selbst vorstellt oder ein Statement zum Arbeitsthema abgibt. Wie weit Sie konkrete Fragen vorgeben, zu denen die Teilnehmer in ihrer Vorstellung Stellung nehmen, hängt von Ihrem Vorhaben und der Gruppenkultur ab. Je klarere Vorgaben Sie machen, desto leichter ist es für die Teilnehmer sich zu orientieren und zu antworten. Potenziell vorhandene Unsicherheit wird dadurch schneller beseitigt. Andererseits engen Sie dadurch aber das Spektrum möglicher Beiträge zur Person stark ein.

Darüber hinaus setzen Sie dadurch außerdem bereits eine erste Erwartungshaltung, wie groß die Spielräume sein werden, die Sie in der weiteren inhaltlichen Arbeit eröffnen, oder aber wie weit Sie diese Räume einengen werden.

Vordefinierte Fragen geben also Rückhalt, Sicherheit, konkretisieren die Antworten und sparen Zeit. Offene Fragestellungen regen Querdenker an, erlauben außergewöhnliche Ansätze, geben Freiraum, fördern das Gruppenklima und kosten Zeit.

Zeitbedarf

Rechnen Sie pro Teilnehmerstatement mit 1-2 Minuten, je nachdem, ob und wie viele Fragen Sie vorgeben. Wenn Sie keine Fragen vorgeben, erhöht sich der Zeitbedarf in der Regel auf 3-5 Minuten pro Teilnehmer.

Nützliches

Halten Sie die Teilnehmer zu kurzen Statements an. Jeder Teilnehmer orientiert sich am Vorredner; wenn der Erste sehr lange und ausführlich von sich erzählt, wird das der Nächste ähnlich handhaben, und Sie verlieren dadurch Zeit und Energie.

Bei Gruppen mit mehr als 14 Teilnehmern sind herkömmliche Vorstellungsrunden sehr anstrengend und darüber hinaus äußerst zeitraubend. Wir empfehlen dementsprechend in solchen Fällen nur dann Vorstellungsrunden, wenn es inhaltlich tatsächlich notwendig erscheint (beispielsweise wenn Team-Building für den Start einer neuen Projektgruppe Teil des Moderationsziels ist) und die insgesamt zur Verfügung stehende Zeit es zulässt.

Partner-Interview

Beschreibung & Ziel

Jeweils zwei oder drei Personen finden sich zusammen und interviewen einander. Die zu behandelnden Inhalte werden vom Moderator vorbereitet und vorgegeben. Diese können eine Mischung aus persönlichen Fragen und Fragen zum beruflichen Umfeld und zum Arbeitsthema sein. Im Anschluss an das Interview stellen die Teilnehmer einander jeweils dem Plenum vor. Teilnehmern ist diese Form der Vorstellung oft angenehmer, weil sie nicht über sich selbst sprechen müssen. Es ist eine schöne Möglichkeit, Teilnehmer schnell miteinander bekannt zu machen.

Zeitbedarf

Geben Sie für das Interview insgesamt 15-20 Minuten Zeit, die Präsentationen dauern 2-3 Minuten pro Person.

Nützliches

Bei Gruppen, in denen sich manche der Teilnehmer bereits kennen, geben Sie die Anweisung, dass sich möglichst nur gänzlich Unbekannte in den Zweier- oder Dreiergruppen zum Interview zusammenfinden sollen.

Der Moderationsball

Beschreibung & Ziel

Sie geben eine klare, vergleichsweise einfache Aufgabe, z.B: „Äußern Sie bitte kurz Ihre ersten Gedanken zu dem genannten Vorschlag!" oder „Woran erinnern Sie sich aus dem gestrigen Workshop?" oder auch „Was hat Ihnen an unserer letzten Mediationssitzung am besten gefallen?". Nun werfen Sie einen kleinen, idealerweise sehr weichen Ball zu einem Teilnehmer und geben für alle bekannt, dass der Ball in jeder beliebigen Reihenfolge weitergegeben werden kann. Wer den Ball in Händen hält, beantwortet die Frage.

Dadurch bringen Sie ein spielerisches Element in Ihre Veranstaltung, das einerseits die Stimmung löst und vor allem etwaige Hierarchieüberlegungen hintanstellt. Die Teilnehmer müssen sich nicht mehr fragen, ob Sie sich als nächstes melden sollen. Auch werden dadurch besonders aktive Teilnehmer gebremst, ruhige Menschen kommen ohne Hast zum Sprechen.

Zeitbedarf

Mit Ball dauern die meisten Übungen kürzer als ohne!

Praxistipp:
Der Moderationsball ist die Rettung in Situationen der Stille, ohne dass Sie selbst einteilen müssen, wer sprechen soll.

Nützliches

Der Moderationsball kann prinzipiell in jeder Phase eingesetzt werden, in der Sie die Reihenfolge der Teilnehmerbeiträge flexibel gestalten wollen. Im Übrigen brauchen Sie nicht einmal wirklich einen Moderationsball. Es kann zur Not auch ein Stift, Marker, Radiergummi oder ein zusammengeknülltes Blatt Papier sein.

Praxistipp:

In Mediationen kann der umgekehrte Effekt sehr vorteilhaft sein. Unterbrechungen gehen stark zurück, wenn nur derjenige sprechen darf, der den Ball hält. Auch bei nur zwei Teilnehmern ist auf diese Weise immer klar, wer „am Ball" ist.

Blitzlicht

Beschreibung & Ziel

Sie formulieren auf einem Flipchart ein bis drei konkrete Fragen oder Satzanfänge. Bitten Sie die Teilnehmer darum, diese Fragen kurz zu beantworten, beziehungsweise die Sätze auszuformulieren. Dabei geben Sie folgende Regeln vor:

- Persönlich: Jeder spricht nur über sich.
- Kurz: Ein, zwei Sätze pro Frage.
- Unreflektiert: Keine Diskussion oder Stellungnahme anderer Teilnehmer (und auch nicht des Moderators) zu den Statements.

Zeitbedarf

Rechnen Sie mit 1-2 Minuten/Teilnehmer.

Praxistipp:

Teilnehmer orientieren sich in ihren Beiträgen sehr oft an ihrem Vorredner. Wenn Sie also kurze Statements garantieren wollen, geben Sie das Wort zuerst demjenigen, von dem Sie wissen, dass er sich kurz und prägnant ausdrückt. Wollen Sie eine ausführliche Darstellung anregen, wählen Sie eher einen ausschweifenden Redner.

Satzanfänge

Beschreibung & Ziel

Befestigen Sie auf den Stuhlunterseiten Moderationskärtchen, auf die Sie im Vorfeld einen Satzanfang geschrieben haben. Bitten Sie die Teilnehmer, gleichzeitig unter ihre Stühle zu greifen, die Karten hervorzuziehen und den angefangenen Satz jeweils in eigenen Worten zu beenden. Dabei macht es natürlich umso mehr Spaß, je mehr verschiedene Satzanfänge Sie vorbereitet haben.

Diese Methode können Sie insbesondere bei unerfahrenen Teilnehmern einsetzen. Dadurch fällt es diesen oft leichter, eigene Beiträge zu formulieren und sie fühlen sich entsprechend sicherer. Beispiele für solche Satzanfänge können sein:

„Kurz bevor ich hier angekommen bin, habe ich mir gedacht..."

„Wenn ich nach Hause komme, würde ich meiner Frau/meinem Mann gerne erzählen..."

„Mir ist wichtig, dass wir heute und morgen..."

„Ich lege Wert darauf, dass der Moderator..."

Zeitbedarf

Pro Teilnehmer maximal eine Minute.

Gruppenspiegel

Beschreibung & Ziel

Auf einem vom Moderator vorbereiteten Plakat tragen sich alle Teilnehmer ein, sobald sie den Veranstaltungsraum betreten. Besonders eignet sich dafür die (breite) Pinnwand! Sowohl Anzahl der Spalten als auch Themen der Spalten können je nach Thema und Ziel der Veranstaltung variiert werden. Zu Beginn der Veranstaltung – nachdem sich jeder Teilnehmer eingetragen hat – stellen sich die Teilnehmer kurz anhand dieser Eigenbeschreibung vor.

Zeitbedarf

Je nach Anzahl der von Ihnen vorgegebenen Spalten und Tiefe der Themen 1-5 Minuten pro Teilnehmer.

Nützliches

Sie können den Gruppenspiegel dann während der ganzen Veranstaltung hängen lassen, sodass die Teilnehmer immer wieder darauf schauen und sich daran orientieren können. Außerdem können Sie am Ende des Blattes eine Spalte leer lassen: In diese können die Teilnehmer noch Bemerkungen, Feedback oder auch Wünsche oder Bitten an andere Teilnehmer notieren.

Im Fotoprotokoll ergibt der Gruppenspiegel eine nützliche erste Seite, denn hier kann auf einen Blick die Teilnehmerschaft ersehen werden.

Die entsprechende Pinnwand kann währen der gesamten moderierten Veranstaltung an prominenter Stelle – etwa neben der Eingangstür – belassen werden. So gibt sie immer einen guten Überblick und Orientierung über die angegebenen Informationen.

Unser Gruppenspiegel sieht oft so aus:

Gruppenspiegel			
Name	Funktion im Unternehmen	Spez. pers. Eigenschaft	Anliegen an Seminar

Phase 3 – Bestandsaufnahme

Am leichtesten ist es natürlich, wenn die Tagesordnung (im wahrscheinlichsten Fall vom Auftraggeber) bereits vorab festgelegt wurde. In dem Fall ist es ratsam, diese auf einem Flipchart zu visualisieren (auch wenn die Teilnehmer die Tagesordnung auf Papier vor sich liegen haben), so dass jeder sehen kann, welche Punkte bereits behandelt worden sind und welche noch offen sind. Dieses Flipchart dient somit gleichsam als roter Faden durch die Veranstaltung.

Sehr oft jedoch sind die Themen im Vorfeld gar nicht oder nur zum Teil definiert worden. In diesem Fall geht es in dieser Phase darum, die Arbeitsthemen konkret festzulegen, die in weiterer Folge von den Teilnehmern bearbeitet werden sollen.

Im Folgenden werden wir Methoden vorstellen, wie die relevanten zu bearbeitenden Themen erhoben werden können.

Methoden für die Bestandsaufnahme

Abfrage auf Zuruf

Beschreibung & Ziel

Bitten Sie die Gruppe, Ihnen per Zuruf jene Themen zu nennen, die sie in weiterer Folge bearbeiten wollen beziehungsweise müssen. Dabei notieren Sie alle genannten Wortmeldungen, zum Beispiel auf einem Flipchart, einem Whiteboard oder einer Tafel. Damit erhalten Sie vorerst einmal „Material", mit dem dann weiter gearbeitet werden kann.

Diese Methode können Sie auch bei der Themenbearbeitung einsetzen, wenn Sie zu einer bestimmten Fragestellung verschiedene Lösungsansätze unstrukturiert sammeln wollen.

Zeitbedarf

Je nach Anzahl der Teilnehmer und der vorgeschlagenen Themen kann der Zeitbedarf recht unterschiedlich sein. In der Regel benötigen Sie wenig Zeit für diese Methode.

Nützliches

Die Abfrage auf Zuruf funktioniert sehr gut bei kleinen Gruppen bis zirka 10 Teilnehmer, danach wird es für Sie als Moderator unübersichtlich. Ab 10 Personen empfiehlt sich die Kärtchenabfrage, je nach Veranstaltungsziel auch die Skulptur.

Kärtchenabfrage

Beschreibung & Ziel

Die Kärtchenabfrage ist für professionelle Moderatoren wahrscheinlich die geläufigste und häufigste Form der Themensammlung.

Der größte Vorteil dieser Methode ist die Trennung der sachlichen Beiträge von den Beziehungen der Teilnehmer unter einander und dem Status des Beitragbringers. Alle Teilnehmer können sich relativ leicht einbringen, auch solche, die nicht gerne vor Gruppen reden oder sonst eher zurückhaltend sind.

Es kommt daher nicht so leicht zu einem Gruppeneffekt, da Hierarchien und Meinungsbildung dadurch abgeschwächt werden, dass alle Kärtchen gleichzeitig aufgedeckt werden können. Die Schriftlichkeit garantiert eine gewisse Anonymität.

Am Anfang jeder Kärtchenabfrage steht eine klar definierte und für alle Teilnehmer verständliche Ausgangsfrage. Diese sollten Sie auf der Pinnwand oder auf dem Flipchart visualisieren und so formulieren, dass möglichst jeder Teilnehmer zu der Frage Stellung beziehen kann.

Teilen Sie Flipchartstifte und Moderationskärtchen aus und bitten Sie die Teilnehmer darum, in Stichworten auf jeweils ein Kärtchen ein zu bearbeitendes Thema zu schreiben.

Praxistipp:
Erwähnen Sie, dass andere Teilnehmer das Kärtchen später lesen sollen, mit anderen Worten: Bitten Sie die Teilnehmer, möglichst groß und leserlich zu schreiben.

Während die Teilnehmer noch schreiben, können Sie bereits mit dem Einsammeln und Aufpinnen der Kärtchen beginnen – Sie sparen auf diese Weise Zeit. Alternativ können Sie auch die Teilnehmer dazu anhalten, ihre Kärtchen selbst anzubringen. Gerade bei größeren Gruppen ist es in der Regel zeitraubend, alle Kärtchen auf einmal erst nach Fertigstellung aufzupinnen.

Im nächsten Schritt werden zusammen gehörende Kärtchen geclustert (man spricht auch von Häufeln), das heißt, Kärtchen mit gleichem oder ähnlichem Inhalt werden zusammengehängt. Bitten Sie die Teilnehmer dabei um Unterstützung, Sie ersparen sich dadurch viel Aufwand! Clusterkriterien können – neben ähnlichem Inhalt der Kärtchen – beispielsweise sein:

○ Was lässt sich in der heutigen Sitzung sinnvoll miteinander erarbeiten?
○ Wofür sind ähnliche Lösungen vorstellbar?

Wenn alle Kärtchen gehäufelt sind, suchen Sie gemeinsam mit den Teilnehmern Überschriften für die einzelnen Cluster. Das kann ein wenig dauern, ist aber insofern essenziell, als diese

Überschriften in weiterer Folge die Arbeitsthemen darstellen und von allen mitgestaltet und mitbenannt werden sollen.

Zeitbedarf

Die Teilnehmer benötigen für das Schreiben der Kärtchen etwa 3-5 Minuten. Das Aufpinnen und Clustern hingegen kann durchaus viel Zeit in Anspruch nehmen, je nachdem, wie viele Kärtchen Sie erhalten und je nach Homogenität beziehungsweise Inhomogenität der Kärtcheninhalte. Sie können für diesen Teil der Arbeit ohne weiteres bis zu einer halben Stunde Zeitbedarf einplanen.

Nützliches

Limitieren Sie bei großen Gruppen (mehr als 15 Personen) und unter Zeitdruck unbedingt die Anzahl der Kärtchen. Sie laufen ansonsten Gefahr, in einer Flut von Kärtchen zu ertrinken. Dazu können Sie können entweder von vorneherein eine bestimmte, begrenzte Zahl von Kärtchen (beispielsweise 2-3 pro Person) ausgeben, oder aber – um den kreativen Prozess, der durch diese Methode angeregt wird, nicht durch eine limitierte Anzahl von Kärtchen einzugrenzen – Sie geben zwar unbegrenzt Kärtchen aus, bitten die Teilnehmer aber vor dem Einsammeln, die für sie wesentlichen oder wichtigsten zwei bis drei Kärtchen auszuwählen und Ihnen zu geben.

Praxistipp:

Wenn es unterschiedliche Meinungen bei der Zuordnung eines Kärtchens gibt, können Sie Teilnehmer auch ersuchen, die Karte zu verdoppeln. Dann hängen Sie diese zu beiden Themenbereichen.

Werfen Sie keines der Kärtchen weg, auch nicht auf Zuruf der Gruppe. Der Autor hat ein Recht darauf, dass sein Kärtchen gebührend behandelt wird.

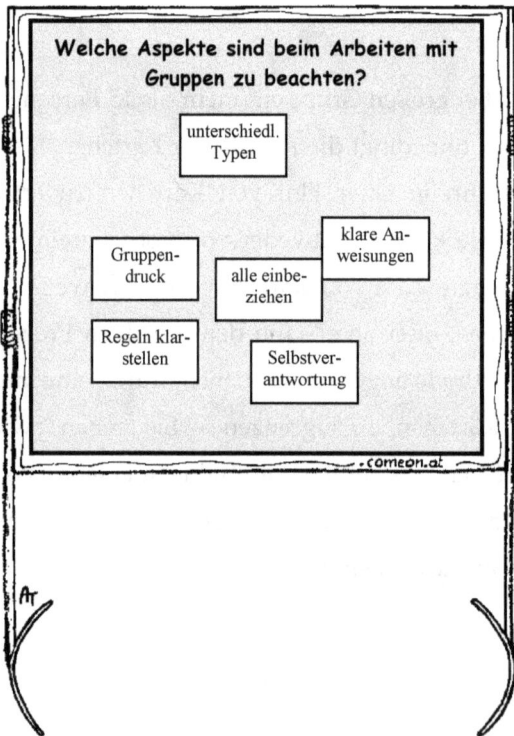

Praxistipp:

Das Aufpinnen und Clustern der Moderationskärtchen ist eine anstrengende Prozedur – für Sie als Moderator wie auch für die Teilnehmer. Es dauert zumeist relativ lange, bis alle Kärtchen an der Pinnwand hängen, es dauert noch viel länger, bis die Karten gehäufelt sind, und es ist zuletzt meist nicht einfach, passende Überschriften für die Cluster zu finden. Dieser Schritt ist jedoch sehr wichtig, werden hier doch die später zu bearbeitenden Arbeitsthemen definiert. Lassen Sie sich in dieser Phase nicht hetzen, sondern nehmen Sie sich die notwendige Zeit. Wenn Sie hier unsauber arbeiten, zieht sich diese Unsauberkeit durch die ganze weitere Veranstaltung.

Brainstorming

Beschreibung & Ziel

Beim Brainstorming[8] werden, wie bei der „Abfrage auf Zuruf"
sämtliche Ideen und Vorschläge zu einem bestimmten Thema
unmittelbar am Moderationsmedium mit notiert. Wesentlich
ist dabei eine strikte Trennung zwischen Ideengenerierung und
der Bewertung beziehungsweise Diskussion der einzelnen
Wortmeldungen. Deshalb ist hier das oberste Gebot des Moderators, Bewertungen wie „guter Vorschlag", „komische Idee"
usw. strikt zu unterbinden.

Alternativvariante: Sie können die Vorschläge direkt auf
Moderationskärtchen notieren lassen und auf die Pinnwand
hängen. Sobald keine neuen Vorschläge mehr kommen, können Sie auch hier – wie oben beschrieben – Vorschläge nach
bestimmten Kriterien häufeln (beispielsweise nach der Frage:
„Was können wir sofort umsetzen, was in einem Jahr, was
nach einem Jahr?" oder nach „Kosten unter / über dem Betrag
x") und einer weiteren Bearbeitung zuführen.

Zeitbedarf

Beim Brainstorming kommt es zu Beginn zu sehr vielen
Wortmeldungen (hier wird allerdings eher wenig Neues pro-
duziert als vielmehr bereits Angedachtes reproduziert), dann
ebbt im Normalfall der Ideenstrom etwas ab. Warten Sie ruhig

---

[8] Siehe Charles CLARK, Brainstorming: How to create successful Ideas, 1989, Wilsghire Book Co

noch ein wenig ab, häufig kommen nämlich nach dieser Ruhephase die wirklich neuen Vorschläge und Ideen.

Nützliches

Damit das Brainstorming auch wirklich gut funktioniert und neue Perspektiven auf eine Fragestellung generiert werden können, sind einige Punkte unbedingt einzuhalten:

- Maßgeblich ist die Menge an Vorschlägen, nicht deren Qualität.
- Umso ausgefallenere Ideen, desto besser.
- Vorschläge dürfen unter keinen Umständen bewertet werden.
- Bereits gemachte Vorschläge dürfen und sollen von den anderen Teilnehmern aufgegriffen und weitergeführt werden – es gibt also keine Urheberrechte.

Variante bei größeren Gruppen

Wenn Sie mit einer Gruppe mit 16 Teilnehmern oder mehr arbeiten, empfiehlt es sich, das Brainstorming in mehreren Kleingruppen parallel durchzuführen. Geben Sie den Kleingruppen zirka 10 Minuten Zeit. Jede Gruppe benötigt außerdem einen eigenen Raum, wo sie ungestört arbeiten kann. Stehen nicht ausreichend Räume zur Verfügung, können Sie den Veranstaltungsraum eventuell auch mit Pinnwänden teilen. Die Gruppen sollen maximal 8 Minuten arbeiten, die letzten beiden Minuten wählen sie aus den Vorschlägen die besten Ideen aus und präsentieren diese im Plenum.

Skulptur

Beschreibung & Ziel

Eine besonders kreative und gleichzeitig sehr aktivierende Methode, (jene) Themen zu erheben, die die Gruppe gerade beschäftigen, stellt die sogenannte Skulptur dar. Diese Methode benötigt etwas Zeit, dementsprechend wird sie eher in Workshops (z.B. zum Thema Teamentwicklung) als in klassischen Besprechungen zur Anwendung kommen.

Jeweils 5-8 Teilnehmer werden eingeladen, mit ihren Körpern eine Skulptur zu bilden, als ob ein Bildhauer sie in Stein gemeißelt hätte. Wesentlich ist, dass Sie der Gruppe den exakten Titel der Skulptur nennen, z.B. „Wie sieht die Zusammenarbeit in unserem Team aus?". Die Protagonisten erhalten Zeit zur Besprechung und um die Skulptur „einzuüben", bevor sie sie den Anderen vorstellen.

Diese werden im Anschluss an die Präsentation eingeladen, ihre Gedanken darüber zu äußern, was die Darsteller ihrer Meinung nach zum Ausdruck bringen wollen. Das kann über die Methode der Abfrage auf Zuruf (Sie als Moderator schreiben die Beiträge mit) oder aber über Kärtchenabfrage geschehen.

Die gesammelten Beiträge werden geclustert und mit Überschriften versehen, sodass mit den dadurch erhaltenen Themenbereichen weitergearbeitet werden kann.

Zeitbedarf

Geben Sie für die Vorbereitung und das Einüben der Skulptur 30 Minuten Zeit. Die Präsentation an sich benötigt 2-3 Minuten, damit die Teilnehmer ausreichend Zeit haben, die Skulptur auf sich wirken zu lassen. Je nach Anzahl der Ideen, die die Zuschauer zur Skulptur haben, benötigen Sie noch zirka 15 Minuten für das Aufpinnen und Clustern der Kärtchen. Insgesamt können Sie pro Skulptur mit 45 Minuten Zeitbedarf rechnen.

Nützliches

Teilen Sie größere Gruppen in zumindest zwei Kleingruppen und lassen Sie diese zu unterschiedlichen Themen Skulpturen bilden. Einerseits ist es unterhaltsamer für alle Beteiligten, zum anderen können Sie bei der Interpretation der jeweiligen Skulptur natürlich nicht mit vielen neuen Ideen rechnen, wenn alle Kleingruppen Skulpturen zum selben Thema bilden.

Praxistipp:

Wir arbeiten speziell in Workshops zum Thema Teambildung gerne mit der Skulptur; man erhält auf spielerische und unbewusste Art viele Informationen zum gegenwärtigen Teamzustand. Es kommt vor, dass Teilnehmer zurückhaltend sind und sich zuerst einmal niemand meldet. Bleiben Sie in so einem Fall gelassen und ein bisschen hartnäckig. Früher oder später finden sich ein paar Teilnehmer und machen mit! Und wir versprechen Ihnen: Es ist gerade die Skulptur, an die sich die Teilnehmer noch Jahre später mit Freude erinnern.

Act-out

Beschreibung & Ziel

Eine Variante der Skulptur stellt das Act-out dar. Auch hier werden auf sehr spielerische und kreative Weise jene Themen herausgearbeitet, die die Teilnehmer tatsächlich beschäftigen. Die Herangehensweise und auch die Aufarbeitung ist fast identisch mit jener der Skulptur. Der einzige Unterschied besteht darin, dass die Teilnehmer zu Beginn aufgefordert werden, eine typische Szene zu einem vorgegebenen Thema darzustellen. Sie können dazu durchaus auch verschiedene Requisiten verwenden. Wichtig ist auch hier, dass das Act-out einen klaren Arbeitstitel hat (z.B. „Der Weg einer Kundenanfrage durch unser Haus").

Im Anschluss an die Darstellung bitten Sie die Zuseher, Ihre Gedanken zum eben Gesehenen in Stichworten auf Moderationskärtchen zu notieren, pinnen diese auf und bilden zum Abschluss Themencluster. Diese Cluster stellen in weiterer Folge die Arbeitsthemen dar.

Zeitbedarf

Rechnen Sie – wie bei der Skulptur – für die Vorbereitung und das Einüben mit 30 Minuten, für die Präsentation mit zirka 5 Minuten und für das Sammeln und Clustern der Ideen zum Vorgeführten mit zirka 15 Minuten. Insgesamt benötigen Sie für diese Methode also zumindest 45 Minuten.

Nützliches

Das Act-out kann im späteren Verlauf eines Workshops noch einmal eingesetzt werden, und zwar im Sinne eines Lösungs- oder Idealbildes. Dabei werden die Teilnehmer eingeladen, eine vorgeschlagene oder bereits vereinbarte Lösung eines Problems „durchzuspielen" um einerseits die Lösung intensiv zu verankern und um sie andererseits auf Umsetzbarkeit zu überprüfen.

Phase 4 – Themenfestlegung

In der Phase 3 haben Sie nun eine Fülle an Themen für die weitere gemeinsame Arbeit mit der Gruppe produzieren können. Unabhängig davon, wie dies erreicht wurde (Kärtchenabfrage, Brainstorming, vorgegebene Besprechungspunkte) wird im nun folgenden Schritt eine Agenda für das Meeting entwickelt. Das heißt, es wird konkret festgelegt, welches Thema wann besprochen und bearbeitet wird.

Es kann natürlich auch sein, dass gewisse Themen „Fixstarter" sind (beispielsweise vom Auftraggeber vorgegebene) und dementsprechend dem Ranking nicht mehr unterzogen werden. Diese Themen können Sie in der Phase 4 aussparen. Die Festlegung einer Bearbeitungsreihenfolge ist vor allem deshalb wichtig, weil Sie – quasi im Worst-Case-Szenario – grundsätzlich damit rechnen sollten, dass Sie in der vorgegebenen Zeit nicht alle Themen bearbeiten können. Haben Sie keine Reihenfolge vereinbart, müssen Sie sich möglicherweise vorwerfen lassen, weniger wichtige Themen bearbeitet und wichtigere ausgelassen zu haben.

Auch aus Sicht des Energiehaushaltes macht es Sinn, die Themen der Wichtigkeit nach zu reihen. Umso länger eine Veranstaltung dauert, desto mehr Energie haben die Teilnehmer naturgemäß bereits in die Arbeit investiert. Im Optimalfall richten sie so die Energie auf die dringlichsten Themen.

Methoden für die Themenfestlegung

Entscheidung durch Zuruf und Abstimmung

Beschreibung & Ziel

Wenn nicht mehr als vier Themen zur Auswahl stehen, können Sie es sich leicht machen und die Teilnehmer die Reihenfolge der Bearbeitung der einzelnen Themen durch Zuruf beziehungsweise Abstimmung entscheiden lassen. Sie fragen dafür einfach: „Wer Thema X als erstes Thema behandelt haben möchte, bitte Hand hoch." So gehen Sie der Reihe nach jedes Thema durch. Kommt es bei zwei oder mehreren Themen zu Stimmengleichheit, gehen Sie zu dem jeweiligen Thema in eine Stichwahl. Im Unterschied zur Mehrpunktabfrage (siehe unten) hat bei dieser Methode jeder Teilnehmer nur eine Stimme.

Zeitbedarf

Im Regelfall sollten Sie nicht mehr als 5 Minuten benötigen.

Nützliches

Verwenden Sie diese Methode nicht, wenn Sie das Gefühl haben, dass sich Teilnehmer nicht „outen" wollen oder wenn die Gruppe stark von einer Person dominiert wird, an der sich die anderen orientieren. In solchen Fällen empfiehlt sich eine anonyme Methode wie zum Beispiel die Mehrpunktabfrage.

Mehrpunktabfrage

Beschreibung & Ziel

Die Mehrpunktabfrage ist ein nützliches Instrument, um flott, einfach und demokratisch (aus-)wählen zu lassen.

Wenn Sie beispielsweise durch Brainstorming oder durch Kärtchenabfrage Themen gesammelt haben, müssen Sie diese wie oben unter „Kärtchenabfrage" beschrieben clustern und die geclusterten Kärtchenklumpen mit einem Namen oder einer Überschrift versehen. Diese Überschriften werden dann auf ein Flipchart in den „Themenspeicher" übertragen.

Nun bitten Sie die Teilnehmer (TN), alle angeführten Themen einem Ranking zu unterziehen. Dazu werden jedem Teilnehmer halb so viele Klebepunkte gegeben wie Themen auf dem Themenspeicher stehen, und die TN werden aufgefordert, ihre Punkte – möglichst gleichzeitig – zu jenen Themen zu kleben, die sie (am ehesten) bearbeiten wollen. Es steht den TN frei, ob sie ihre Klebepunkte gehäuft (pro Thema mehrere oder alle Punkte) oder aber einzeln (pro Thema ein Punkt) verteilen wollen.

In vielen Fällen ist es sinnvoll, anwesende Führungskräfte erst zum Schluss punkten zu lassen. So können Sie vermeiden, dass sich die Teilnehmer zu stark an den Entscheidungen oder Wünschen der Führungskraft orientieren.

Aus der Auszählung der vergebenen Punkte ergibt sich die Reihenfolge, in welcher die Arbeitsthemen in weiterer Folge bearbeitet werden. Sollten zwei oder mehrere Themen gleich viele Punkte bekommen haben, gibt es eine Stichwahl. Lassen Sie die Reihenfolge einfach durch Handzeichen bestimmen, wobei jeder Teilnehmer nur ein Mal die Hand heben darf. Gibt es unerwarteter Weise wieder einen Gleichstand, entscheiden entweder das Los oder Sie selbst.

Zeitbedarf

Das Verteilen der richtigen Anzahl von Punkten an die Teilnehmer kann ein Weilchen dauern, das Punkten und Auszählen ist in der Regel schnell erledigt. Rechnen Sie insgesamt mit zirka 5 Minuten.

Nützliches

Sollten Sie die Angelegenheit vereinfachen wollen oder aber gerade keine Klebepunkte zur Hand haben, können Sie die Teilnehmer auch einfach einen Punkt mit einem Flipchartstift aufmalen lassen. Allerdings besteht dabei die Gefahr, dass unaufmerksame oder rebellische Teilnehmer sich nicht an die „Punktebeschränkung" halten.

Etwa so sollte die fertiggestellte Mehrpunktabfrage auf der Pinnwand festgehalten sein:

Arbeitsthemen

Thema	Punkte	Rang
Personalentwicklung	o o o o	2
Interne Vernetzung	o o o	3
Interne Abläufe	o o o o	1
Externe Vernetzung	o	5
Int. Kommunikation	o o	4

.comeon.at

Phase 5 – Themenbearbeitung

In dieser Phase findet die eigentliche Bearbeitung der Probleme und Fragestellungen statt. Sie besteht aus dem intensiven kommunikativen Austausch von Sichtweisen und Lösungsideen zwischen den Teilnehmern.

Im Zuge der Themenbearbeitung kann eine Vielzahl unterschiedlicher Moderationsmethoden zum Einsatz kommen. Diese können in Kombination miteinander eingesetzt werden, ebenso kann eine einzelne Methode mehrmals hintereinander verwendet werden.

Parallel zur Bearbeitung der einzelnen Besprechungspunkte ist es sinnvoll und notwendig, auch gleich die jeweiligen Vereinbarungen festzuhalten. Dies geschieht in der Regel mit Hilfe des Maßnahmenplanes beziehungsweise – in klassischen Besprechungen – über das Besprechungsprotokoll.

Methoden für die Themenbearbeitung

Einpunktabfrage

Beschreibung & Ziel

Die Einpunktabfrage stellt eine sehr einfache und gleichzeitig effiziente Methode dar, um sich einen raschen Überblick darüber zu verschaffen, wie die Teilnehmer zu einer bestimmten Fragestellung stehen. Die Teilnehmer antworten dabei auf eine vorbereitete Fragestellung durch Anbringen eines Klebepunktes oder – vereinfacht – durch Markierung mit Stift. Das Ergebnis kann dann als Ausgangspunkt der weiteren Diskussion verwendet werden.

Praxistipp:

Verwenden Sie entweder 4-stufige oder 6-stufige Skalen, also eine gerade Skalenanzahl. Bei Skalen mit ungerader Felderanzahl besteht die Tendenz, „in die Mitte" zu antworten. Das heißt, bei einer Skala mit fünf Feldern wird überproportional häufig das mittlere Feld gewählt. Bei 8- oder 10-stufigen Skalen besteht die Tendenz, die äußersten Felder nicht mehr zu wählen.

Unterschieden wird bei der Einpunktabfrage zwischen einer gleitenden Skala und einer gestuften Skala.

Gleitende Skala:

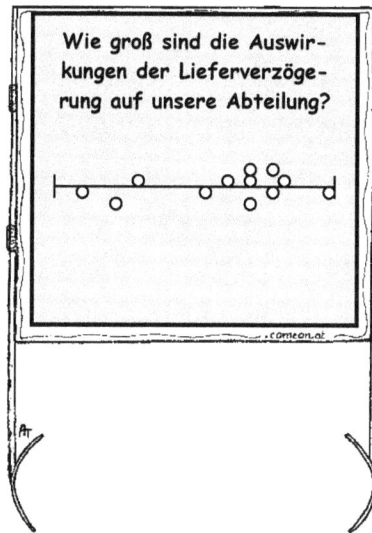

Gestufte Skala:

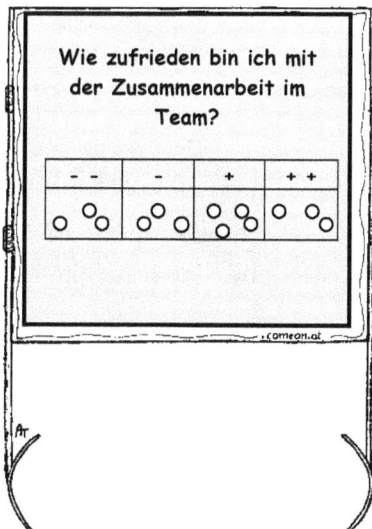

Mind Mapping

Beschreibung & Ziel

Mind Mapping[9] ist eine hervorragende Methode, um komplexe Themen oder Fragestellungen übersichtlich aufzubereiten.

In die Mitte des Blattes wird die Fragestellung geschrieben und mit einem Kreis versehen. Von diesem Kreis gehen Hauptäste weg, diese wiederum verzweigen sich in Unteräste. Hauptäste stellen übergeordnete Themen dar, vergleichbar einem Kapitel in einem Buch und werden zumeist in Form eines Stichwortes angeschrieben. Zu diesen übergeordneten Kapiteln können Gedanken hinzugefügt werden, und zwar in Form von Unterästen, die von den Hauptästen wegführen. Auf diese Weise werden Hierarchien zwischen den Begriffen definiert.

Beginnen Sie mit der Benennung aller Hauptäste, und erst wenn diese definiert sind, arbeiten Sie an den jeweiligen Unterästen weiter.

Zeitbedarf

Wie lange Sie für die Erstellung einer Mind Map benötigen, hängt von der Komplexität des Themas ab. Umso komplexer, desto mehr Hauptäste und Unteräste gibt es und desto mehr Zeit nimmt die Erstellung in Anspruch.

Rechnen Sie durchschnittlich mit zirka 30 Minuten, bei sehr komplexen Themen auch mit durchaus mehr.

---

[9] Siehe Tony BUZAN „The Mind Map Book"

Nützliches

Der größte Nachteil einer Mind Map ist der Umstand, dass Änderungen nur sehr schwer vorgenommen werden können. Sollten es also vorkommen, dass Sie ein bestimmtes Thema als Hauptast definiert haben, später jedoch feststellen, dass dieses Thema lediglich ein Unterthema ist, können Sie die ursprüngliche Niederschrift kaum mehr ändern. Um dieses Problem zu umgehen, kann es nützlich sein, beispielsweise mit Hilfe einer Kärtchenabfrage sämtliche übergeordnete Themen (=Hauptäste) vorab zu definieren, bevor sie dann im Mind Map niedergeschrieben werden.

Mehr-Felder-Tafel

Beschreibung & Ziel

Die Mehr-Felder-Tafel dient der ersten Vertiefung eines Themas. Dabei werden zu einer bestimmten Ausgangsfragestellung zwei, drei oder vier verschiedene „Unterfragen" gestellt, die die Teilnehmer zumeist in Kleingruppen bearbeiten. Je nachdem, wie viele Unterfragen gestellt werden, spricht man von einer Zwei-, Drei- oder Vierfeldertafel.

Vorteil dieser Methode ist, dass die Teilnehmer sehr schnell ins Arbeiten kommen, Nachteil, dass durch die vorgegebenen Unterfragen eine Themenvorselektion stattfindet und damit möglicherweise eine Einengung der tatsächlich möglichen Perspektiven hervorgerufen wird.

Die Teilnehmer beantworten in Kleingruppen jedes einzelne Feld stichwortartig und stellen die Ergebnisse im Plenum vor. Diese ersten Ergebnisse dienen in weiterer Folge als Ausgangspunkte der Diskussion im Plenum beziehungsweise als Ausgangspunkt weiterer, vertiefender Fragestellungen.

Zeitbedarf

Geben Sie pro Feld zirka 15 Minuten Zeit, das heißt, für eine Vierfeldertafel benötigen die Teilnehmer etwa eine Stunde.

Hier das Beispiel einer entsprechenden Mehr-Felder-Tafel:

Praxistipp:
Auf einem Plakat in Größe einer Pinnwand steht naturgemäß nur eingeschränkt Platz für die jeweiligen Felder zur Verfügung. Einfacher ist es, wenn Sie für jedes Feld ein eigenes Flipchart gestalten und diese dann bei der Präsentation nebeneinander auf zwei Pinnwände hängen.

CED-Diagramm (Cause-Effect-Diagram)

Beschreibung & Ziel

Das CED[10] ist überall dort gut einsetzbar, wo Sie ein Problem systematisch und übersichtlich auf dessen Ursachen hin untersuchen wollen. Es liefert eine gute Strukturierungsmöglichkeit und hilft, das Thema in Teilprobleme (und deren mögliche Ursachen) zu zergliedern.

Durch die spezielle grafische Aufarbeitung, vergleichbar einer Fischgräte (deshalb wird das CED auch Fischgrätdiagramm genannt), können Sie Problemursachen und deren Abhängigkeiten voneinander schnell identifizieren und einer weiteren Bearbeitung zuführen.

Der Moderator stellt die auf einer Pinnwand bereits im Vorfeld vorbereitete Struktur vor. Diese sieht folgendermaßen aus: Zentrales Element ist ein horizontaler Pfeil nach rechts, an dessen Ende eine präzise formulierte Frage oder Problemstellung visualisiert wird.

Auf diesen zentralen horizontalen Pfeil stoßen von oben und von unten schräge Pfeile; diese stellen die Haupteinflussgrößen auf das Problem dar.

Einflussgrößen sind im Regelfall die sogenannten 8M: Mensch, Methode, Material, Maschine, Management, Mitwelt (Umfeld), Messung und Money (Geld). Natürlich sind nicht für jede Problemstellung alle 8 Einflussgrößen relevant, Sie wählen

---

[10] Siehe: Manfred SCHULTE-ZURHAUSEN, Organisation, 2002, Vahlen Verlag

gemeinsam mit der Gruppe diejenigen aus, die Sie für die weitere Problembearbeitung benötigen. Nachdem die Haupteinflussgrößen bestimmt worden sind, erarbeiten Sie zu diesen Größen die Nebenursachen des Problems, die auf die jeweilige Haupteinflussgröße einwirken. Diese Nebenursachen werden wiederum mit je einem Pfeil eingezeichnet.

Im Anschluss daran können Sie beispielsweise durch die Mehrpunktabfrage eine Reihung vornehmen, nach welcher die gefundenen Problemursachen weiter vertieft beziehungsweise einer Lösung zugeführt werden.

Zeitbedarf

Die Haupteinflussgrößen sind in der Regel rasch definiert (um hier möglicherweise zeitraubende Diskussionen zu vermeiden, können Sie zur Auswahl die Mehrpunktabfrage einsetzen), die weitere Bearbeitung der Nebenursachen dauert zumeist etwas länger. Rechnen Sie für die Erstellung des Diagramms mit insgesamt zirka 45 Minuten.

Nützliches

Eine übersichtliche Aufarbeitung der Struktur muss gut vorbereitet und erklärt werden und erfordert in Punkto Blatteinteilung und Lesbarkeit etwas Geschick im Visualisieren.

Sie können, nachdem Sie die Haupteinflussgrößen definiert haben, verschiedene Kleingruppen damit beauftragen, zu jeweils einer Haupteinflussgröße die Nebenursachen zu ermitteln. Sie sparen durch die parallel arbeitenden Gruppen Zeit.

Themenspeicher

Beschreibung & Ziel

Wie der Name schon andeutet, bietet der so genannte Themenspeicher eine Möglichkeit, Arbeitsthemen vorerst zu „parken", ohne sie sofort bearbeiten zu müssen.

Sollte sich aus der Diskussion im Plenum oder auch in einer der Kleingruppen eine zusätzliche Fragestellung ergeben und die Zeit für die sofortige Bearbeitung nicht zur Verfügung stehen, kommt die neue Fragestellung in den Themenspeicher und wird bei nächster Gelegenheit mit zur Auswahl für die neuen Arbeitsthemen gestellt. Ein Themenspeicher ist notwendig, um sich auf die wesentlichen Themen für die laufende Besprechung konzentrieren zu können und dennoch wichtige Punkte nicht unter den Tisch fallen zu lassen. Zu diesem Zweck ist es hilfreich, vorab ein Plakat vorzubereiten, in welches laufend Themen eingetragen werden können, die zu einem späteren Zeitpunkt wieder aufgegriffen werden.

Somit kann das aktuelle Thema weiter behandelt werden ohne dass es zu Abschweifungen kommt, gleichzeitig können genannte Punkte als beachtenswert im Themenspeicher „zwischengelagert" werden.

Zeitbedarf

Es wird keine zusätzliche Zeit benötigt.

Nützliches

Lassen Sie den Themenspeicher immer für alle Teilnehmer gut sichtbar im Raum hängen, um damit herauszustreichen, dass diese Themen nicht verloren gegangen sind.

Klären Sie außerdem spätestens gegen Ende der Veranstaltung unbedingt, was in weiterer Folge mit diesen Themen passieren soll.

Praxistipp:

Listen Sie – wenn möglich – die Themen in Form einer Frage auf, damit auch Tage oder Wochen nach der Veranstaltung noch klar ist, was an dem Thema denn eigentlich problematisch oder besprechenswert ist.

Exkurs: Kleingruppenarbeit[11]

Unabhängig davon, ob Sie ein Seminar leiten oder einen Teambuildingworkshop moderieren, eine Strategietagung oder eine Schulung für Projektleiter, Sie werden sich immer wieder darüber Gedanken machen müssen, wie Sie im Optimalfall alle Teilnehmer einbeziehen und wie Sie in der gegebenen Zeit möglichst alle relevanten Themen bearbeiten können.

In großen Gruppen zu arbeiten, ist für alle Beteiligten sehr kräfteraubend und nimmt außerdem sehr viel Zeit in Anspruch. Deshalb ist es für den Bearbeitungsprozess oft förderlich, Kleingruppen mit der Bearbeitung von speziellen Themenaspekten zu betrauen.

Im Sinne der Zeiteffizienz können mehrere Kleingruppen parallel an verschiedenen Themen arbeiten. Gleichzeitig aktiviert die Arbeit in der Kleingruppe sehr viel stärker als die Arbeit im Plenum, schon alleine deshalb, weil man sich in der Kleingruppe kaum, im Plenum – insbesondere bei größeren Gruppen – jedoch sehr leicht „verstecken" kann.

Die Kleingruppen berichten dann ihre Lösungsvorschläge an das Plenum zurück. Dabei können ohne weiteres auch Probleme offen bleiben, wenn die Gruppe auf keinen gemeinsamen Nenner kommt. Hier hat es sich bewährt, zwei Mitglieder der jeweiligen Kleingruppe die Ergebnisse präsentieren zu lassen. So entsteht nicht der Eindruck, dass es sich um eine

---

[11] Ausführlich: Jörg KNOLL, Kleingruppenmethoden, 1993, Beltz Weiterbildung

Einzelmeinung handelt, und es können auch unterschiedliche Standpunkte innerhalb der Kleingruppe besser ausgedrückt werden. Die einzelnen Präsentationen sollen jedenfalls eher kurz bemessen sein, da es für das Plenum kraftraubend und weniger interessant ist, viele Präsentationen hintereinander mit zu verfolgen.

Nach Ende der Präsentation und des Lösungsvorschlages fragen Sie als Moderator ins Plenum, ob dieser Themenpunkt zufriedenstellend und abschließend behandelt worden sei. Falls nicht, und das ist sehr oft der Fall, kann das Thema im Plenum weiterbearbeitet und diskutiert werden, wobei Sie als Moderator die Gesprächsleitung innehaben und gleichzeitig für die Ergebnisvisualisierung verantwortlich sind. Ein Co-Moderator ist in diesem Fall oft hilfreich.

In dieser Phase sind Sie als Moderator besonders gefordert: Sie müssen gleichzeitig möglichst alle Teilnehmer in die Diskussion einbeziehen (um so eine höhere Akzeptanz der getroffenen Vereinbarungen zu erzielen), die wesentlichen Diskussionspunkte laufend zusammenfassen, im Optimalfall visualisieren und dabei auch noch die zur Verfügung stehende Zeit im Auge behalten. Sie werden dementsprechend auch ein gutes Gefühl dafür entwickeln müssen, wie weit Sie die Diskussion laufen lassen können, beziehungsweise in welchem Ausmaß Sie steuernd eingreifen müssen.

Kleingruppen stellen somit ein höchst wirkungsvolles prozessuales Instrument in der Moderationsarbeit dar. Jedes wirkungsvolle Instrument will allerdings effektiv eingesetzt sein.

Gelungene Kleingruppenarbeit bedeutet, sich vorab Gedanken vor allem über folgende Punkte zu machen: Wie werden die Kleingruppen gebildet, wann und wie wird der Wechsel zwischen Plenum und Kleingruppen vollzogen, welchen Auftrag bekommen die Kleingruppen, wo arbeiten sie, wie viel Zeit steht zur Verfügung und wie soll methodisch gearbeitet werden, wie werden Arbeitsergebnisse gesichert und wie wird der Transfer ins Plenum hergestellt u.a.m.

Praxistipp:

Geben Sie – im Idealfall schriftlich – klare Handlungsanweisungen! Jeder Kleingruppenteilnehmer soll konkret wissen, *was* zu tun ist und *wie viel Zeit* dafür zur Verfügung steht (zu welcher Uhrzeit jeder wieder zurück im Plenarraum sein soll). Lassen Sie die Gruppen einige Zeit arbeiten, dann erst beginnen Sie, die Gruppen zu „besuchen" und mögliche offene Fragen zu klären.

Möglichkeiten der Gruppenbildung

○ Zufallsgruppen

Zufallsgruppen bieten sich insbesondere in der Anfangsphase eines Seminars oder Workshops an, wenn die Teilnehmer einander (noch) nicht kennen. Sehr oft herrscht in dieser Phase Unsicherheit und Zurückhaltung, und durch die Bildung von Zufallsgruppen kommt ein überraschendes und spielerisches Element hinzu, welches viel zur Auflockerung beitragen kann.

Es gibt eine Vielzahl an Möglichkeiten zur Bildung von Zufallsgruppen, Ihrer Fantasie und Kreativität sind dabei kaum Grenzen gesetzt. Sie können Gruppen nach Sternzeichen bilden lassen, nach der Anzahl der Kinder, danach, wie weit vom Seminarort entfernt die Teilnehmer wohnen oder arbeiten, Sie können sie nach den Anfangsbuchstaben des Vor- oder Nachnamens bilden lassen usw.

Wesentlich ist, dass Sie sich bereits vorab Gedanken darüber machen, ob alle Kleingruppen gleich groß und wie groß sie sein sollen. Dementsprechend wählen Sie die passenden Instrumente zur Gruppenbildung. Für Zweiergruppen könnten Sie beispielsweise mit zweizeiligen Sprichwörtern arbeiten, die Sie in jeweils eine Zeile auseinanderschneiden, in einen Topf werfen und ziehen lassen, und die Teilnehmer suchen sich dann den zu ihrem Sprichwort-Teil passenden Partner.

Die Anweisung zur Gruppenbildung sollte leicht verständlich sein, sodass nicht bereits zu Beginn der Veranstaltung Chaos herbeigeführt und bestehende Unsicherheit verstärkt wird.

Die Bildung von Zufallsgruppen macht auch in Veranstaltungen Sinn, in denen sich die Teilnehmer bereits länger kennen und sich dementsprechend Untergruppen gebildet haben und/oder Einzelpersonen isoliert worden sind. Hier kann diese Methode dabei helfen, festgefügte Grenzen wieder zu überwinden.

○ **Nachbarschaftsgruppen**

Nachbarschaftsgruppen bieten sich immer dann an, wenn nicht viel Zeit für die Gruppenbildung zur Verfügung steht, bei räumlicher Enge und bei sehr großen Gruppen.

Sie erleichtern den Teilnehmern den Gruppenbildungsprozess, wenn Sie hierbei sehr klare, gestisch unterstützte Anweisungen geben. Zeigen Sie beispielsweise auf die ersten drei Personen links außen im Stuhlhalbkreis und bitten Sie sie, eine Dreiergruppe zu bilden. Bitten sie anschließend die übrigen Teilnehmer, analog vorzugehen. Sie können dabei durchaus – von links nach rechts gehend – auch immer wieder Dreiergruppen „anzeigen" um die Gruppeneinteilung klarzumachen.

○ **Wahlgruppen**

Wahlgruppen ermöglichen es den Teilnehmern, sich nach ihren persönlichen oder inhaltlichen Präferenzen selbst einer

Gruppe zuzuordnen. Dabei kann das Kriterium beispielsweise eine Aufgabenstellung sein (*„Bitte gehen Sie zu jener Gruppe, wo Sie glauben, am meisten zur Lösungsfindung beitragen zu können"*) oder aber die Frage nach Sympathie (*„Suchen Sie sich bitte zwei Personen, mit denen Sie gerne in einer Kleingruppe weiterarbeiten möchten"*).

Manchmal kann es bei Wahlgruppenbildungen vorkommen, dass ein einzelnes Thema stark überrepräsentiert und ein anderes Thema nicht oder nur von ganz wenigen Teilnehmern besetzt wird. Hier empfiehlt es sich nachzufragen, wer – nicht ob! – aus einem stark besetzten Thema zu einem schwach besetzten Thema wechseln möchte. Auch können große Gruppen um eine Teilung gebeten werden (damit sie gut arbeitsfähig bleiben).

○ Kriteriengruppen

In manchen Fällen macht es Sinn, die Teilnehmer nach bestimmten, von Ihnen vorgegebenen Kriterien zusammen zu fassen. So kann es sein, dass sich beispielsweise alle Personen zusammenfinden, die aus der selben geografischen Region kommen. Oder aber sie fassen die Gruppen nach Dauer der Firmenzugehörigkeit (ein Jahr, zwei Jahre etc.) zusammen.

Wichtig dabei ist für Sie, dass die Kriterien einerseits zum Thema passen und somit auch für die Teilnehmer stimmig sind, und dass die Kriterien auch eindeutig und erkennbar sind, sodass Sie kein Chaos bei der Gruppenbildung erzeugen.

Der Arbeitsauftrag

Beim Arbeitsauftrag geht es darum, den Kleingruppen konkret mitzuteilen, was, wie und bis wann zu tun ist. Es ist auch zu klären, wie Arbeitsergebnisse gesichert und dem Plenum kommuniziert werden.

Umso mehrdeutiger und unklarer der Arbeitsauftrag formuliert ist, desto höher die Chance, dass die Teilnehmer in die falsche Richtung arbeiten oder den Auftrag selbst in der Kleingruppe diskutieren. Das kostet Zeit und Energie, ruft Unlust und Widerstand hervor.

Dementsprechend zahlt es sich aus, bereits in der Vorbereitung ausreichend Zeit auf die Formulierung von Arbeitsaufträgen zu verwenden. Sie können es sich und auch den Kleingruppen leichter machen, indem Sie vorbereitete Flipcharts mit den ausformulierten Arbeitsaufträgen an die Gruppen austeilen.

Praxistipp:
Bereiten Sie die Arbeitsaufträge für Kleingruppenarbeiten frühzeitig und schriftlich vor. In der „Hitze des Gefechts" müssen Sie diese dann nur noch vorlesen. Das wirkt nicht nur vorbereitet und kompetent, sondern stellt Ihnen Ressourcen für Ihre sonstigen Moderationsaufgaben wie Organisieren von Kleingruppenräumen, Zeitkontrolle, Beantworten von Zwi-

schenfragen, Auflösung von Spannungen zwischen Teilnehmern usw. frei.

Ist der Arbeitsauftrag erteilt, sollten Sie noch einmal kurz nach-
fragen, ob er auch tatsächlich klar verstanden worden ist und
ob es noch Fragen gibt. Erst danach schicken Sie die Teilnehmer an die Arbeit.

Der Arbeitsauftrag umfasst in der Regel auch die Information an die Teilnehmer, wie lange in den Kleingruppen gearbeitet werden soll. Wenn Sie mit dem Thema der Veranstaltung und auch mit den Themen der Arbeitsgruppen vertraut
sind, werden Sie selbst gut abschätzen können, wie viel Zeit
Sie sinnvoller Weise zur Verfügung stellen sollten. Sind Sie mit
dem Thema nicht ausreichend vertraut, können Sie auch die
Gruppe fragen, wie lange sie zur Bearbeitung des Themas maximal benötigen wird.

In der Praxis zeigt es sich, dass die Teilnehmer die Zeit,
die sie zur Bearbeitung eines Themas benötigen werden, tendenziell unterschätzen. Sie können also normalerweise durchaus noch etwas auf die vorgeschlagene Zeit „drauflegen".

Geben Sie zuletzt klare Anweisungen, wie die Arbeitsergebnisse in der Kleingruppe gesichert werden sollen und wie
der Transfer in die Großgruppe geschehen soll – beispielsweise
durch eine kurze Präsentation.

Phase 6 – Vereinbarungen treffen

Diese Phase stellt gewissermaßen das Herzstück einer moderierten Veranstaltung dar. Jetzt geht es darum, Nägel mit Köpfen zu machen. Natürlich wird man im Regelfall nicht erst ganz zum Schluss damit beginnen, zu den jeweils besprochenen Punkten Vereinbarungen zu treffen und niederzuschreiben, der Einfachheit und Übersichtlichkeit halber werden wir diese Phase allerdings als für sich stehende Phase behandeln.

Methoden in der Phase „Vereinbarungen treffen"

Maßnahmenplan

Beschreibung & Ziel

Die Akzeptanz der Besprechung, des Workshops oder auch einer Mediation hängt zu einem ganz wesentlichen Teil davon ab, ob es gelingt, zu einem für die meisten nachvollziehbaren Ergebnis zu gelangen.

Dieses Ergebnis kann eine Entscheidung in einer Sache sein; Ebenso können Vereinbarungen getroffen werden über

○ ein abgestimmtes weiteres Vorgehen,

○ Regeln und Sanktionen,

○ Selbstverpflichtungen,

○ ausgedrückte Wünsche und Erwartungen,

○ Arbeitsaufträge an einzelne Personen oder Gruppen etc.

Der Aufwand für eine moderierte Besprechung ist erst dann gerechtfertigt, wenn das Ergebnis entweder besser ist oder schneller erreicht wurde als durch die Nutzung anderer Möglichkeiten wie zum Beispiel schriftliche Information, Abfrage per Email, Telefonkonferenz etc. Deshalb ist es von entscheidender Bedeutung, dass die Ergebnisse klar formuliert und von den Teilnehmern auch als produktiv empfunden werden.

Das zentrale Instrument zur Ergebnisorientierung ist der sogenannte Tätigkeits- oder Maßnahmenkatalog. In diesem sind die Resultate und beschlossenen Aktivitäten so konkret wie möglich festzuhalten.

Der Moderator stellt dazu der Gruppe eine Tabelle vor, deren Spaltenüberschriften bereits vorhanden sind. Es geht darum, festzulegen, ...

... wer,

... was,

... bis/ab wann tut.

Ihre Aufgabe als Moderator ist es, darauf zu achten, dass die einzelnen Maßnahmen konkret formuliert werden und von der Gruppe selbst umsetzbar sind. Dies bedeutet, dass in den jeweiligen Spalten nur Namen von Teilnehmern der Gruppe eingetragen werden können und auf konkrete Terminvereinbarungen zu achten ist. Ein Workshopmoderator übernimmt keine inhaltlichen Aufgaben, für einen internen Besprechungsleiter (das heißt für einen Angestellten des Unternehmens) gilt diese Regel natürlich nicht.

Beachte:
Die Qualität der Veranstaltung steht und fällt mit der konkreten Formulierung des Maßnahmenplans.

Zeitbedarf

Zum Zeitbedarf für den Maßnahmenplan können keine allgemein gültigen Angaben gemacht werden, da dieser je nach Komplexität und Anzahl der vereinbarten Maßnahmen sehr unterschiedlich ist.

In der Regel erfolgt die Formulierung einzelner Maßnahmen bereits laufend im Zuge der Themenbearbeitung, insofern muss hier nicht viel Zeit veranschlagt werden. Eine genaue Ausformulierung der jeweiligen Maßnahme kann aber durchaus einige Zeit in Anspruch nehmen.

In folgender Abbildung haben wir einen beispielhaften Maßnahmenplan skizziert:

Maßnahmenplan

Nr	WER	macht WAS	bis WANN

.comeon.at

Praxistipp:

Der Maßnahmenplan ist das eigentliche Herzstück eines Workshops. Hier entscheidet sich, wie erfolgreich die Veranstaltung tatsächlich war. Den Teilnehmern ist natürlich klar, dass sie hier in die Verantwortung genommen werden, und oftmals besteht dementsprechend eine gewisse Zurückhaltung dabei, sich in die „Wer-Spalte" eintragen zu lassen. Wenn beispielsweise bei einem Workshop die Führungskraft mit anwesend ist, bitten Sie sie bereits im Vorfeld, sich als eine der ersten in den Maßnahmenplan eintragen zu lassen. Die Führungskraft erzeugt damit so etwas wie einen Lokomotiv-Effekt für die restlichen Teilnehmer.

Vereinbarungen treffen in Besprechungen

Sehr häufig wird in – vor allem häufig wiederkehrenden regelmäßigen - Besprechungen kein Maßnahmenplan in obigem Sinne verfasst. Dennoch müssen auch hier die Besprechungsergebnisse festgehalten werden. In der Regel geschieht dies über ein einfaches Ergebnisprotokoll, in seltenen Fällen auch über ein Verlaufsprotokoll, das innerhalb einer gewissen Zeitspanne nach der Sitzung an die Teilnehmer verschickt wird.

Vereinbarungen treffen in der Mediation

Auch und gerade in der Mediation kommt den getroffenen Vereinbarungen eine zentrale Rolle zu. Auch wenn sich Lösungsmöglichkeiten schon in den Phasen davor gezeigt haben, so ist es immer noch etwas anderes, diese nun endgültig und eventuell schriftlich festzuhalten.

Wie in einem Meeting können Vereinbarungen durchaus auf Flipchart oder Pinnwand getroffen werden. So können „Verantwortlichkeiten", „nächste Schritte", „Hausaufgaben" bis hin zu „Aufgabenteilung Hausordnung" in Spalten den jeweiligen (meist zwei) Parteien zugeordnet werden. Eine Unterschrift auf dem jeweiligem Medium bekräftigt die Vereinbarung, noch ein Foto und fertig ist die schriftliche Vereinbarung.

In anderen Fällen kann es ratsam sein, einen Vertrag aufzusetzen. Oft ist es aber auch sinnvoll, eine sich abzeichnende Vereinbarung zu skizzieren und beide Mediationsparteien an einen Anwalt oder Notar zu verweisen, um die Absichtserklärung in einen rechtsverbindlichen Vertrag übertragen zu lassen.

Vereinbarungen treffen im Seminar

Natürlich wird man im Rahmen eines herkömmlichen Seminars mit den Teilnehmern keinen Maßnahmenplan in oben angeführtem Sinne erstellen. Sehr wohl werden Sie als Seminarleiter sich allerdings Gedanken machen, wie Sie den Lerntransfer optimal gestalten beziehungsweise fördern können, oder anders formuliert: welche Vereinbarungen für die Zeit nach dem Seminar die Teilnehmer mit sich selbst oder mit anderen Teilnehmern oder mit Ihnen als Trainer treffen. Im Folgenden möchten wir zwei entsprechende Methoden kurz vorstellen.

Methoden für den Lerntransfer[12]

Take-away-Blatt

Beschreibung & Ziel

Bereiten Sie am Ende Ihres Skriptums beziehungsweise Ihrer Teilnehmerunterlagen ein sogenanntes Take-away-Blatt vor. Auf diesem stehen einige von Ihnen vorbereitete Fragen (mit Raum zum Ausfüllen) wie zum Beispiel: „Was war für mich besonders interessant?", „Was war besonders wichtig?", „Was werde ich bis wann ganz konkret umsetzen?" usw.

Geben Sie den Teilnehmern je nach Anzahl der Fragen 10-25 Minuten Zeit, diese für sich schriftlich zu beantworten, eventuell können sie ihre Notizen und Vorhaben im Anschluss auch noch kurz mit dem Sitznachbarn besprechen. Auf diese Weise werden die für die Teilnehmer wesentlichen Inhalte noch einmal stärker in deren Bewusstsein verankert.

Die verzögerte Post

Beschreibung & Ziel

Teilen Sie gegen Ende des Seminars Briefpapier inklusive Kuverts und Briefmarken aus und bitten die Teilnehmer, einen an sich selbst adressierten Brief zu schreiben, in dem sie die für sie

---

[12] Sehr ausführlich zu diesem Thema: Transfer: Ralf Besser, Damit Seminare Früchte tragen, Beltz Weiterbildung, 2004

wichtigsten Seminarinhalte und deren praktische Konsequen-
zen für ihren (beruflichen oder privaten) Alltag zusammenfassen. Geben Sie dazu 15-25 Minuten Zeit. Der Brief wird Ihnen
im Anschluss ausgehändigt, und Sie senden ihn – mit einer
Verzögerung von 8-12 Wochen – jedem Teilnehmer wieder zu.

Peer-Coaching

Beschreibung & Ziel

Jeder Teilnehmer schreibt mindestens ein und höchstens drei
ganz konkrete und realistische Ziele auf, die er sich für die Zeit
nach dem Seminar vornimmt. Zu jedem Ziel werden auch erste
Umsetzungsschritte definiert, und jedes Ziel mit einem Datum
versehen. Im Anschluss sucht er sich einen Partner (=Coach),
mit dem er nach Ablauf der Frist telefonisch die Umsetzung
bespricht und von Erfolgen oder Misserfolgen berichtet. Sie
benötigen für diese Transferübung in etwa 30 Minuten: 20
Minuten für das Definieren der Ziele, 10 Minuten für das Besprechen der Ziele und für das Vereinbaren des weiteren Vor-
gehens mit dem Coach.

Phase 7 – Abschluss

Mit der Übernahme von konkreten Aufgaben und Tätigkeiten in den Maßnahmenkatalog und/oder der Entscheidung in einzelnen Themenbereichen entsteht meist ein angenehm produktives Gefühl in der Gruppe. Selbst wenn Arbeit wartet, so hat man doch etwas „geleistet". Beim Abschluss ist es wichtig, diese Ergebnisse noch einmal zusammen zu fassen und die Moderationsrunde für alle nachvollziehbar und erlebbar abzuschließen. Das Abschlusserlebnis bezieht sich auf mehrere Ebenen[13]:

○ das inhaltliche, sachliche Ergebnis der Besprechung,
○ das Reflektieren des Prozesses, durch den das Ergebnis zustande kam,
○ das Ausdrücken der Gefühle, mit denen die Teilnehmer aus der Veranstaltung gehen.

---

[13] Vertiefend zu diesem Thema: Karlheinz A GEIßLER, Schlußsituationen, Beltz Weiterbildung, 2005

Methoden in der Abschlussphase

Zwei-Achsenfrage

Beschreibung & Ziel

Neben der bereits bekannten „Einpunktabfrage" oder dem „Blitzlicht" können Sie in dieser Phase auch die „Ein-Punkt, Zwei-Achsenfrage" zum Einsatz bringen. Dabei geben Sie jedem Teilnehmer einen Klebepunkt und bitten ihn, diesen auf ein von Ihnen vorbereitetes Plakat zu kleben. Auf diesem Plakat tragen Sie eine x-Achse und eine y-Achse auf. Jede dieser Achsen steht für eine eigene Frage (in untenstehendem Beispiel steht die x-Achse für die Qualität der Zusammenarbeit in der Gruppe und die y-Achse für das erzielte Arbeitsergebnis).

Dieses Tool können Sie in einer mehrtägigen Veranstaltung natürlich auch beispielsweise am zweiten Tag zu Tagesbeginn einsetzen, um einen raschen und guten Überblick über Stimmung und Zufriedenheit der Teilnehmer zu erlangen.

Zeitbedarf

Die Zeit, die Sie für diese Methode benötigen, hängt in erster Linie davon ab, ob Sie das gepunktete Ergebnis noch besprechen wollen oder müssen.

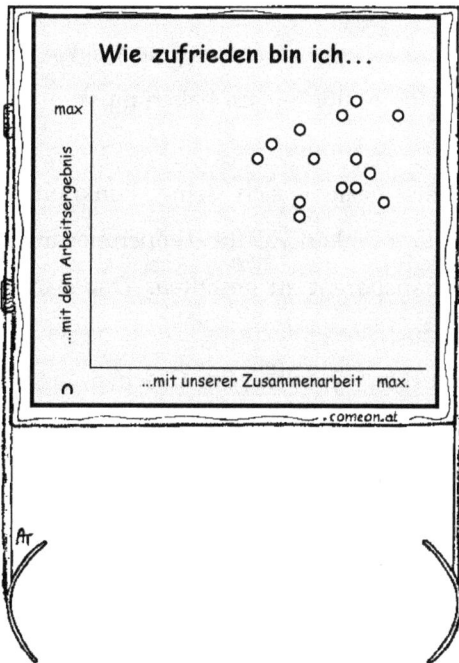

Die Veranstaltung sollte immer von Ihnen als Moderator beendet werden. Auch wenn noch Einzelgespräche oder sogar Gespräche mit Teilen der Gruppe folgen: Verabschieden Sie sich in jedem Fall und beenden Sie „offiziell" die Veranstaltung.

KAPITEL 4

VISUALISIERUNGSTECHNIK

Die Hauptfunktion des Moderators besteht in der Prozesssteuerung und damit der Optimierung des Veranstaltungsablaufes.

Das bedeutet, dass er einerseits stets einen guten Überblick über den Moderationsablauf haben muss, um diesen entsprechend steuern zu können.

Andererseits bezieht sich seine Funktion aber auch darauf, Inhalte und Ablauf für die Teilnehmer möglichst verständlich und transparent zu gestalten. Transparenz heißt in diesem Fall oft auch Vereinfachung. Diese bezieht sich im Arbeitsprozess auf die Anpassung der Geschwindigkeit von Abstimmungs- und Diskussionsrunden und auf das Zerlegen von komplexen Ideen und Gedankengängen. Dafür ist die Wahl der geeigneten Medien wesentlich, wie auch die Methode, Gedanken und gesprochene Worte *begreif*bar und *anschau*lich zu formulieren. Diesen Vorgang nennt man *Visualisierung*. [14]

Ganz generell gilt in der Moderation einerseits die Gleichberechtigung der Beiträge, andererseits auch das Recht auf Sichtbarkeit:

---

[14] Tatsächlich bringt die Visualisierung unzählige weitere Vorteile, z.B. vermindert sie den Redeaufwand, fördert das Erinnerungsvermögen etc. siehe SEIFERT *Visualisieren, Präsentieren, Moderieren* S 11ff

> **Beachte:**
>
> Alle wichtigen Beiträge müssen vom Moderator sichtbar gemacht werden!

Gerade dieser Punkt hilft dabei, die Idee vom Ideenbringer und seinem Status in der Gruppe zu lösen (siehe dazu auch Kapitel 5 „Medieneinsatz"), sowie eine gleichberechtigte Diskussionsrunde zu initiieren. Auf visualisierte Inhalte kann man sich gut konzentrieren. Im Blickfeld ist nicht der Sprecher, sondern die visualisierte Idee.[15]

Das ist für die Sachfokussierung wesentlich und hilft, persönliche Präferenzen und Sympathien von Sachentscheidungen weitgehend zu lösen. Sowohl Vielredner als auch ruhigere Teilnehmer haben etwa bei der Kärtchenabfrage gleichermaßen die Möglichkeit (oder – je nach Anweisung des Moderators – auch die Verpflichtung) ihre Beiträge niederzuschreiben, womit sie sichtbar und leichter für den Moderationsprozess weiterverwendbar gemacht werden.

Denn jetzt können Widersprüche leicht erkannt und besprochen, Vorschläge leichter bewertet und verglichen und Argumentationen besser nachvollzogen und überprüft werden.

Schlussendlich erleichtert die Visualisierung jedem Einzelnen auch das Behalten der wesentlichen Punkte. Das wiederum führt zu einer Entlastung des Gedächtnisses und einem

---

[15] Folgerichtig bezeichnet WEIDEMANN in *100 Tipps & Tricks für Pinnwand und Flipchart* es als Hauptsünde in der Moderation, wenn die „Verpackung" der Informationen stümperhaft geschieht.

Freiwerden der entsprechenden Energien für die Lösungssuche, was letztlich den Arbeitsprozess beschleunigt.

Grundprinzipien

Der Moderator hat also die Funktion, für den Prozess relevante Informationen herauszufiltern und möglichst klar und verständlich für die Teilnehmer zu machen. Er wird daher vorhandene Informationen zusammenfassen, wiederholen oder auch anders formulieren, um den Prozess zu verbessern. Aus der Kommunikationstheorie wissen wir, dass jeder Teilnehmer mit eigenen „mentalen Landkarten", aber auch mit unterschiedlich bevorzugten Empfangskanälen arbeitet. Daher wird ein guter Moderator mit dem jeweils geeigneten Medium arbeiten, um möglichst effizient und verständlich Inhalte zu transportieren. Die Medienauswahl wird sich dabei an den Inhalten und an den Teilnehmern orientieren.

In diesem Abschnitt gelten für den Moderator im Grunde die gleichen Regeln wie für einen guten Präsentator. Daher sollte der Moderator sich darüber Gedanken machen, wie seine Teilnehmer die vorgetragenen Inhalte wahrnehmen. Es genügt meistens nicht, wenn Teilnehmer den Vortrag nur hören, sondern sie sollten jedenfalls die wichtigsten Aussagen auch sehen können.

Da wir hauptsächlich mit Augen und Ohren wahrnehmen, ist eine Moderation ohne Visualisierung einseitig, denn die zweite wichtige Sinneswahrnehmung bleibt ungenutzt. Die essenziellen Inhalte müssen daher sichtbar gemacht, das heißt visualisiert, werden. Dadurch versteht und behält jeder Teilnehmer deutlich mehr und kann sich schlussendlich verstärkt in den Arbeitsprozess einbringen.

Anwendung und Technikeinsatz

Wann und zu welchem Zweck soll visualisiert werden? Visualisierungen können in unterschiedlicher Hinsicht ein sehr wirksames Instrument für einen Moderator sein. Abgesehen davon, dass sich visualisierte Inhalte besser einprägen, können Medien und Visualisierungen vom Moderator auch in folgender Hinsicht gut eingesetzt werden:

○ Zur Steigerung der Aufmerksamkeit (und in diesem Zusammenhang auch zur besseren Steuerung des Geschehens bei Seitengesprächen oder einem „Tumult"). Sie setzen sich als Moderator wesentlich leichter durch, wenn Sie das Wort ergreifen und gleichzeitig ein Medium benutzen.

○ Inhaltliche Betonungen können vorgenommen werden: Was niedergeschrieben und visualisiert ist, das „bleibt".

○ Gleichzeitig bleiben Inhalte während der weiteren Moderation präsent und können leicht zurückgeholt werden. Auch Sie als Moderator können ein besprochenes

Zwischenergebnis, gemeinsames Ziel oder auch Gesprächsregeln wieder hervorholen und daran erinnern.

○ Das zu besprechende Thema kann mit Hilfe einer Visualisierung leichter und vor allem übersichtlicher strukturiert werden.

○ Die Genauigkeit der Informationsübertragung wird verbessert und damit bewussten oder unbewussten Missverständnissen entgegengewirkt. Was visualisiert ist, kann schwerer „anders verstanden" werden.

○ Die Visualisierung kann gut (foto-)protokolliert werden.

Grundsätzlich gilt jedoch: Die Visualisierung muss zur Phase und vor allem Geschwindigkeit der Moderation passen und darf den (Blick-)Kontakt des Moderators zur Gruppe nicht zu lange unterbrechen. Der Gruppe beziehungsweise den Teilnehmern der Moderation soll außerdem beim Einsatz der Visualisierung deren Zweck mitgeteilt werden. Es soll ganz klar werden, ob von Seiten der Teilnehmer mitgeschrieben werden soll, ob die Visualisierung der Zusammenfassung oder Veranschaulichung dient, ob es sich um etwas Grundsätzliches oder um Zusatzinformationen handelt.

Praxistipp:
Es macht unbedingt Sinn, ein paar Worte zum Bild zu sagen! Die Visualisierung sollte kommentiert werden, selbst wenn erklärender Text neben der Zeichnung steht. Das kann in der

> Regel ganz leicht getan werden: „Ich habe Ihnen hier ein Bild vorbereitet, welches den Zusammenhang anschaulich illustriert. Links oben sehen Sie eine grüne Fläche, die für … steht."

Warum ist das wichtig? Wenn mehrere Informationen gleichzeitig vom Teilnehmer aufgenommen werden müssen, kostet das Kapazität. Der Teilnehmer muss sich entscheiden: Hört er zu, liest er mit oder sieht er das Bild an. Im Regelfall fällt die Entscheidung auf das Bild. Daher ist es fast gleichgültig, was sie beim Zeigen des Bildes sagen: Wenn es nicht mit dem Bild unmittelbar zu tun hat und dieses erklärt, geht die Information verloren, da die Hauptaufmerksamkeit des Teilnehmers auf das Bild gerichtet ist.

Die ideale Vorgangsweise sieht also folgendermaßen aus:

1. Sie zeigen das Bild.
2. Sie erläutern, was das Bild darstellt.
3. Sie erklären, wofür Flächen, Farben und Besonderheiten stehen (vergleichbar einem Stadtführer, der vor dem Rathaus stehend dieses erklärt).
4. Sie erläutern zusammenfassend die Relevanz des Bildes für das Moderationsthema.

Doch das Medium und die richtige Abwechslung und Frequenz reichen für den sinnvollen Einsatz noch lange nicht aus. Was den Meistermoderator so wirksam macht, ist die Art und Weise, wie er Visualisierungen aufbaut und wann er diese einsetzt. Es gibt für jeden Inhalt ganz unterschiedliche Möglichkeiten der Visualisierung.

Grundsätze der Gestaltung

Zeichnung ist nicht gleich Zeichnung. Visualisierung heißt vor allem auch mehr als „möglichst bunt" oder „möglichst schön gezeichnet".

Für die Visualisierung ist die Kenntnis unterschiedlicher Gestaltungsprinzipien hilfreich. Das Angenehme ist, dass diese unabhängig vom eingesetzten Medium gelten und bunt zusammengewürfelt und kreativ eingesetzt werden können.

Angemessenheit

Grundsätzlich gilt für alle Visualisierungen die Prämisse der Angemessenheit. Neben dem Zusammenhang von Inhalt und Präsentationsform kommt es immer auch auf die Situation und den Teilnehmerkreis an (Stellen wir uns eine Moderation für die Kreativabteilung eines Marketingunternehmens versus eine Partnersitzung einer Anwaltskanzlei vor!). Dabei soll der Aufwand der Anfertigung für den Moderator (und die dafür benötigte Zeit!) in einem sinnvollen Verhältnis zu dem Nutzen der Aufarbeitung für die Teilnehmer stehen. Eine gute Visualisierung ist daher nicht notwendigerweise möglichst bunt und ausgefallen.

Struktur

Das wichtigste Gestaltungsprinzip ist die Struktur. Diese sollte leicht und schnell erkennbar sein. Die „Bullet-point"- oder Aufzählungsmethode ist die einfachste Visualisierungsmöglichkeit. Deshalb wird sie – leider – bei PowerPoint-Projektionen überstrapaziert, obwohl sie keineswegs die beste Möglichkeit ist!

Vielmehr sollten Zuordnungen, Abgrenzungen, Unter- oder Überordnungen, Chronologie und Kausalitäten (Ursache, Wirkung) auf einen Blick erkennbar sein. Auch Gegensätzlichkeit (pro – kontra), gleichwertige Aufzählungen oder bewusste Reihenfolgen (zum Beispiel Erhöhungen, Steigerungen) können und sollen gut strukturiert sein.

Praxistipp:
Eine gute Struktur erkennt man daran, dass die genannten Zuordnungen ersichtlich sind, bevor der Inhalt überhaupt gelesen wurde, das heißt, man beispielsweise sieht, dass es eine Überordnung gibt, noch ohne zu wissen, was wem übergeordnet ist.

Reduktion

Die Visualisierung ist etwas ganz anderes als das gesprochene oder geschriebene Wort. Sie dient der Vereinfachung, der gedanklichen Reduktion und der Konzentration auf das Wesentliche. Eine gute Veranschaulichung sollte mehr können, als einzelne Informationen aufzuzählen. Das eigentliche Geheimnis der Visualisierung ist die auf einen Blick zu erfassende gedankliche Struktur (siehe oben). „Auf einen Blick" sagt schon, dass es auch um eine Reduktion der Komplexität geht. Details müssen daher mutig ausgespart werden. Das Bild braucht auch nicht selbsterklärend zu sein, es reicht, wenn es mit Hilfe des Moderators und nur von jenen Personen einwandfrei verstanden wird, die teilgenommen haben.

Hervorhebung

Besonders Wichtiges kann hervorgehoben und/oder zusammengefasst werden. Achtung: Durch die Reduktion ist meistens alles Bleibende wichtig. Die optische Hervorhebung durch Farbigkeit, Textrahmen, Schattierungen oder Schriftwechsel sollte daher nur äußerst sparsam eingesetzt werden.

Jede Visualisierung trägt im Idealfall eine möglichst knappe und gleichzeitig aussagekräftige Überschrift. Anhand dieser sollten sich alle Teilnehmer rasch orientieren und Information finden können. Sollte die Überschrift bei der Erstellung noch unklar sein oder vorweg geheim bleiben, kann man einfach den nötigen Platz vorerst frei lassen und später befüllen. Im Übrigen helfen die Überschriften auch wesentlich bei der Erstellung und späteren Verwendung eines Fotoprotokolls.

Zusammenhänge

Was ähnlich oder gleich ist beziehungsweise der gleichen Ebene oder Kategorie angehört, sollte durch ähnliche oder gleiche Formatierungen dargestellt werden. Schriftart (kursiv, fett, unterstrichen), Schriftgröße (auch Groß-/Kleinschreibung) und Farbe können dafür eingesetzt werden. Hier wirkt Vielfältigkeit (wie zu bunt oder zu viele unterschiedliche Formen von Moderationskärtchen) absolut kontraproduktiv, weil Ähnlichkeiten nicht ohne Weiteres erkannt werden können.

Was inhaltlich zusammen gehört, sollte auch durch Absätze, gleiche Zeilenabstände, Aufzählungszeichen, Gedankenstriche, Trennungslinien, Spalten usw. vom Rest abgesetzt werden.

Grafische Elemente

Farben und Formen sowie grafische Elemente sind Grundbausteine der Visualisierung.

Texte lassen sich häufig durch Bilder, Skizzen oder Diagramme ergänzen oder ersetzen. Symbole wie Pfeile, Gesichter, Gliederungspunkte, Verkehrszeichen, Männchen usw. oder prägnante Formen wie Kreise, Pyramiden, Kontinente, Säulen usw. sind für die Visualisierung von Texten hilfreich.

Zahlen können relativ einfach grafisch als Kurven-, Balken- oder Kreisdiagramme aufgearbeitet werden. Ökonomische Zusammenhänge, ob auf Firmen- oder volkswirtschaftlicher Ebene, können gut mit Pfeilen gekennzeichnet werden. Räumliche Expansionspläne wie beispielsweise Filialeröffnungen können gut auf Territorialkarten gezeigt werden.

Farbgestaltung

Mit Farben kann man als Moderator lebendig gestalten und Strukturen hervorheben. Daher macht es Sinn, ein wenig Zeit in die Farbauswahl, die Anzahl der zu verwendenden Farben und den generellen Einsatz zu investieren.

Eintönigkeit ist wahrscheinlich das Letzte, was eine moderierte Gruppe gut brauchen kann. Deshalb sollte der Moderator auch für spontane Zeichnungen wenigstens zwei unterschiedliche Farbstifte bereithalten. Im einfachsten Fall hat die

Überschrift eine andere Farbe als die eigentliche Spontanzeichnung.

Natürlich ist es schöner und bunter, wenn unterschiedlichste Farben verwendet werden. Gerade wenn es um eine kreative Ideenfindungsphase geht, können Farben zur Vielfalt beitragen und animieren. Doch auch hier gilt wie bei der Überladung durch Text: „Weniger ist oft mehr". Zwei bis maximal fünf verschiedene Farben sind für ein Bild genug. Dabei gilt der Grundsatz: Struktur vor Farbe. Das bedeutet: Zusammengehörige Aussagen, Ebenen, Bereiche oder gleichwertige Überschriften sollten durchgehend die gleiche Farbe erhalten. Gibt es etwa drei Vorstände, darunter acht Bereichsleiter und wieder jeweils vier Abteilungsleiter, so bestimmt diese Struktur, ob die Ebenen oder die Linien jeweils die gleiche Farbe erhalten. Sprechen Sie also etwa über die Kommunikation zwischen den Abteilungsleitern, können Vorstande in rot, Bereichsleiter in blau und Abteilungsleiter in schwarz dargestellt werden.

Welche Farbe verwendet werden sollte, kommt einerseits auf die gefühlsmäßigen Assoziationen an, andererseits auf deren Sichtbarkeit. So sind grün und gelb sowohl auf der Flipchart als auch auf PowerPoint-Folien teilweise schwer bis nicht leserlich. Dunkle Farben wie schwarz, dunkelblau und dunkelgrau hingegen dominieren diese Zeichnungen. Rot hat starke Signalwirkung und ist für Überschriften gut geeignet.

Farben werden auch unterschiedliche Symbolbedeutungen und Wirkungen zugeschrieben. Diese sind stark vom Kulturkreis abhängig und die Bedeutungen oft mehrdeutig.

Hier eine Überblickstafel über Bedeutungen und Wirkungen von Farben in der Moderation, die Ihnen einen Einblick in die Welt der Gestaltungsmöglichkeit geben soll:

FARBE	BEDEUTUNGEN	WIRKUNGEN	EINSATZ
GELB	Sonne Helligkeit Reife Ernte Wüste Trockenheit Krieg Misstrauen Neid	sanft reizend aktiv intellektuell kommunikativ expansiv kreativ sommerlich positiv bewegend	wenn neue Ideen entwickelt werden; Tipps; Leitsätze; beim Einsatz von Kreativitätstechniken; um Wissen „aus der Gruppe zu holen"; beim Erfahrungsaus- tausch
ORANGE	Fülle Macht Wissen Wärme Schutz Saft	partizipierend gesellig reizend aktiv verströmend mächtig	um Struktur zu geben; bei Gruppenarbeiten; bei Lösungssuche; bei Erarbeitung der Gruppenregeln; für Slogans
ROT	Liebe Erregung Hitze Blut Gefahr Verbot Hölle Kommunismus	stark aktivierend belebend spannend leidenschaftlich dynamisch kraftvoll	für Ziele oder Lösungen; Maßnah- men- und Problemdefinition; Vereinbarungen treffen; Emotionalität:: „Vor- sicht", „Achtung!" Überschriften hervor- heben

FARBE	BEDEUTUNGEN	WIRKUNGEN	EINSATZ
BLAU	Treue Frieden Entspannung Himmel Sauberkeit Sehnsucht (Gefühls-)Kälte	konzentriert wahrhaftig seriös leidenschaftslos kühl nüchtern kalt passiv	Faktenpräsentation; „Stimme der Vernunft" Gruppenanweisungen (z.B. Übungen); Erklärung sachlicher Hintergründe; bei Einzelarbeiten
GRÜN	Ruhe Ausgeglichenheit Wald Erholung Gesundheit Umwelt Klee Frische Unreife	ausgleichend passiv neutral beruhigend sichernd mitfühlend	bei der Erarbeitung einer Vereinbarung; Feedback geben; Erkenntnisse aus Konflikten; Kompromissvorstellung; generelle Lösungsvorschläge; Zusammenfassung
SCHWARZ	Tod Angst Gefahr Trauer Hass Individualität Exzentrik	schwer statisch unbeweglich bedrückend bedeutungsvoll	generell für Inhalte; in der Themenbearbei- tung; um Emotionen aus dem Thema zu nehmen; bei sachlichen Aufzählungen und Gegenüberstellungen
WEIß	Unschuld Licht Stille Leere Wahrheit Langeweile	schwer statisch unbeweglich bedrückend bedeutungsvoll	„Themenspeicher", also noch offene Punkte; als Hintergrundfarbe; „Wo sind wir jetzt? Wo wollen wir hin?"; strukturgebend

KAPITEL 5

MEDIEN MEISTERLICH EINSETZEN

Ob als Führungskraft, Trainer, Mediator oder Personalentwickler: Um einen Gruppenprozess produktiv steuern zu können, tut der Moderator gut daran, sich mit jedem anwendbaren Werkzeug vertraut zu machen. Der „Bedarfsfall" kommt während der Moderation oft unerwartet und dann ist es eine große Hilfe, Medien optimal einsetzen zu können.

Je nachdem, aus welcher Branche Sie kommen, haben Sie schon mehr oder weniger viel mit Medien zu tun gehabt. Manche von Ihnen werden bereits Präsentationen gehalten und dafür Medien verwendet haben. Aber im Unterschied zur Präsentation sind die Instrumente im Rahmen einer Moderation im Regelfall auf kleinere Gruppen gerichtet und sollen auch für die Teilnehmer selbst zugänglich und verwendbar sein.

Hinzu kommt eine wesentliche Entwicklung in der Zusammenarbeit in den letzten Jahrzehnten: die „Demokratisierung" und „Selbstbestimmung". Wurde früher ein Machtwort erwartet und gesprochen, hat also der Chef, Trainer, Besprechungsleiter oder Konfliktschlichter „gesagt, wie es gehört", so sind heute ein partizipatorischer Moderations- beziehungsweise Führungsstil und aktive Ideeneinbringung Aller gefragt.

Bezogen auf den Medieneinsatz hat das im Speziellen zur Folge, dass vom Moderator weniger Input erwartet und gewünscht wird. Vielmehr hat sich seine Rolle zu einem Motivator und Prozessleiter beziehungsweise -begleiter entwickelt, der sich vor allem darum bemüht, die Ressourcen aller Anwesenden optimal für die Zielerreichung zu kanalisieren.

Das bedeutet unter anderem auch, dass die Zuordenbarkeit einzelner Beiträge zu den jeweiligen Teilnehmern mehr und mehr unterbunden wird. Nicht der Ideenbringer sondern die Ideen selbst sollen im Mittelpunkt der Diskussion stehen. Daher trachtet der Moderator danach, die Aussagen von den Personen zu trennen, was gerade durch Verschriftlichung oder Einsatz von Moderationskärtchen gut möglich ist.

Wie Medien einsetzen?

Trennen Sie sich zunächst einmal von dem Gedanken, dass ein hohes Maß an technischem Einsatz auch automatisch zu einer erfolgreichen Besprechung oder einem gelungenen Workshop führt.

Vorbereitete Medien, also fertige Folien auf Computer oder Overhead, vollgeschriebene Infoblätter zum Ausfüllen oder kreativ gestaltete Flipchartbögen sind ganz wunderbare Medien, wenn der Moderator Information „in die Gruppe geben" will. Als Moderationsinstrumente im eigentlichen Sinn taugen Sie wenig.

Ein Overheadprojektor an sich ist aber natürlich durchaus einsetzbar – vor allem bei Gruppen mit mehr als 12 Teilnehmern. Hier wirkt besonders die unmittelbar gezeichnete beziehungsweise beschriebene Folie, bei der auf Zuruf von den Teilnehmern Schlagworte aufgeschrieben oder Themen visualisiert werden.

Der Einsatz von Technik wirkt zwar professionell, gleichzeitig jedoch tritt der Mensch automatisch in den Hintergrund. Das ist für die Erreichung gruppendynamischer Prozesse kontraproduktiv, insbesondere dann, wenn Emotionen angesprochen werden sollen. Das geschieht etwa bei Konflikten innerhalb eines Teams, bei der Ideenfindung für eine neue Marketingstrategie, bei der Überlegung, wie die Kommunikation innerhalb einer Abteilung verbessert werden oder wie dem Kunden ein besseres Einkaufserlebnis geboten werden könnte.

Für alle Medien gilt prinzipiell: Wenn das Thema abgearbeitet ist, sollte das Medium in den Hintergrund treten. Oft werden Medien beziehungsweise Visualisierungen noch lange im Mittelpunkt gehalten, obwohl Aufmerksamkeit und Energie schon bei einem anderen Punkt liegen sollten. Das lenkt ab und verwirrt. Daher: rechtzeitig weg damit!

Praxistipp:

Je perfekter die (Computer)-Vorlage des Mediators, desto unprofessioneller sieht im Vergleich der ad hoc gestaltete Beitrag des Teilnehmers aus! Das kann den Prozess hemmen. Deshalb ist es wesentlich, eine gute Mischung aus vorbereiteten Materialien und Ad-hoc-Zeichnungen in die entsprechenden Medien einzubringen. So kann etwa eine Computerprojektion für die Präsentation des Moderationsablaufs und die Agenda zu Beginn vorbereitet werden. Pinnwände könnten für offene Punkte eingesetzt und Flipchart oder Tafel für Ad-hoc-Visualisierungen genutzt werden.

Tipps zur Konzentration der Teilnehmer

Das Ergebnis Ihrer Moderation hängt zu einem guten Teil von Ihrer Fähigkeit ab, Zuhörer einzubinden und für das Thema und seine Bearbeitung zu interessieren. Ein wichtiges Instrument dafür ist die „Inszenierung" mit Hilfe unterschiedlicher Medien. Es gibt freilich keine universell gültigen Erfolgsregeln, unsere Erfahrung zeigt aber regelmäßig bestimmte Grundsätze:

- Legen Sie Sprechpausen ein.

- Stellen Sie Fragen an die Teilnehmer. Durchaus auch rhetorische Fragen, die Sie anschließend selbst beantworten können.

- Kündigen Sie einen Höhepunkt oder eine Pause an und stimulieren Sie so die Aufmerksamkeit der Zuhörer. Nach drei bis fünf Minuten muss dann jedoch das Highlight oder die Pause folgen.

○ Ändern Sie Ihre Sprechweise – Variieren Sie Satzlänge, Stimme, Lautstärke und Sprechtempo. Monotonie wirkt bekanntlich einschläfernd.

○ Sprechen Sie Teilnehmer mit Namen an. So erzielen Sie die volle Aufmerksamkeit bei einer Person und bauen Spannung bei den anderen Teilnehmern auf.

○ Greifen Sie zum Mikrofon und fragen Sie, ob man Sie gut versteht.

○ Sorgen Sie für frische Luft.

○ Lassen Sie die Fenster von „desinteressierten" Teilnehmern öffnen.

○ Wechseln Sie Ihren Standort – gehen Sie beispielsweise im Publikum umher.

Checkliste für Ihre Moderationsvorbereitung

VORBEREITUNGSPUNKT	NOTIZEN
Raumbedarf: Wie viele Teilnehmer werden kommen? Wie viele Arbeitsplätze brauchen Sie für Kleingruppen?	
Muss der Raum reserviert werden? Wer ist verantwortlich?	
Muss der Weg beschildert werden? Wer ist verantwortlich?	
Wie soll die Sitzordnung sein?	
Was ist das konkrete Ziel der Veranstaltung?	
Was ist die konkrete Erwartungshaltung der Teilnehmer der Veranstaltung gegenüber?	
Was ist die Erwartungshaltung der Teilnehmer mir als Moderator gegenüber?	
Passt die Raumaufteilung (Sessel, Tische, Sitzordnung, Medien) zum Moderationsziel?	
Wie sieht der genaue Zeitplan aus?	

VORBEREITUNGSPUNKT	NOTIZEN
Was sind meine Optionen in Bezug auf die Hauptintervention?	
Welche Visualisierungsmöglichkeiten habe ich geplant (themenspezifisch)?	
Sind alle benötigten Medien vor Ort und funktionstüchtig?	
Wie ist die Beleuchtung? Kann verdunkelt werden? Wie funktionieren Dimmer und Lichtanlage?	
Wie funktionieren Jalousien?	
Wie stelle ich Atmosphäre her? Dekorationsmöglichkeiten?	
Stehe ich frei? Gibt es eine Bühne, ein Pult? Wie funktionieren die Mikrofone?	
Wo sind Steckdosen? Verlängerungskabel? Wer bedient die Technik?	
Ist Störungsfreiheit gewährleistet? Wer ist zuständig, wenn Nebengeräusche auftauchen sollten?	

Welche Medien einsetzen?

Heutzutage gibt es eine Fülle unterschiedlicher Präsentationsmedien: Overhead-Projektoren mit Folien, Flipcharts in Tisch-
und Wandgröße, Whiteboards mit bunten Markern, Wandta-
feln mit Kreide, Video-Beamer und Moderationstafeln oder
Pinnwände.

Wahrscheinlich kennen auch Sie Führungskräfte, die
hauptsächlich PowerPoint-Präsentationen in ihren Teamsitzungen einsetzen. In diesen Fällen ist es leicht nachzuvollzie-
hen, warum deren Mitarbeiter während der Besprechung
kaum mit eigenen Ideen vorpreschen.

Während Präsentationen in erster Linie Informationen
vermitteln sollen und die Kommunikation daher hauptsächlich
in eine Richtung, nämlich vom Präsentator zum Zuhörer geht,
sollen bei der Moderation Inhalte aus der Gruppe kommen
und miteinander ausgetauscht und verknüpft werden. Hier
steht also die *Interaktion* und damit die Mitarbeit des Einzelnen
im Vordergrund. Dieser Umstand sollte sich daher auch im
Einsatz der Medien spiegeln.

Vor allem PowerPoint-Projektionen und vorbereitete
Overheadfolien laden den Zuhörer zu einer passiven Konsu-
mationshaltung geradezu ein.

Insofern sind die typischen „Präsentationsmedien" für
die Moderation weniger bis gar nicht geeignet. Das gilt insbe-

sondere für Computer samt Videoprojektor oder den klassisch eingesetzten Overheadprojektor:

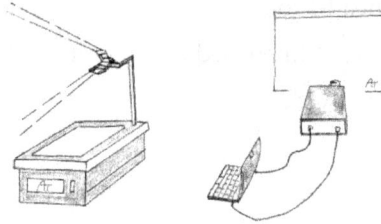

Unserer Erfahrung nach bestehen moderierte Gruppen im Durchschnitt aus 6 bis 20 Personen. Es versteht sich von selbst, dass alleine hinsichtlich der Sitz- und Raumordnung und der Sichtbarkeit andere Maßstäbe als bei Präsentationen vor beispielsweise 100 Teilnehmern anzusetzen sind.

Das gilt für Projektionen, bei denen ein gewisser Mindestabstand zwischen Teilnehmer und Bild gegeben sein muss, damit man Bild und Text gut sehen kann.

In Punkto Sichtbarkeit ist beispielsweise die Schriftgröße ein wesentlicher Punkt. Bei Moderationen können daher gut auch „kleinere" Medien eingesetzt werden, insbesondere Pinnwände und Flipcharts.

Die am häufigsten eingesetzten Medien während der Moderation sind das Flipchart und die Pinnwand:

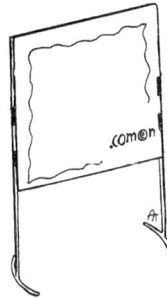

Praxistipp:
Prüfen Sie Medien in Hinblick auf deren „Einladung" an die Teilnehmer, selbst Hand anzulegen und den Einsatz in der Zwei-Weg-Kommunikation, also dem Dialog, und wählen Sie das entsprechende Medium. In vielen Phasen der Moderation ist das Königsmedium die Pinnwand.

Flipchart

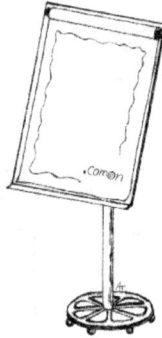

Flipcharts übernehmen in Moderationen eine wichtige Funktion. Informationen und beispielsweise Ergebnisse aus Kleingruppenarbeiten können leicht präsentiert und überdies auch nach Fertigstellung etwa auf Wänden befestigt werden und damit präsent bleiben. Gerade wenn Moderationen über längere Zeiträume durchgeführt werden sollen, sind die überdimensionalen Papierbögen immens vorteilhaft, um leichter wieder ins Thema einsteigen zu können.

Praxistipp:
Für die Befestigung von abgetrennten Flipchartbögen an der Wand verwenden Sie am besten simples, 5cm breites Kreppband. Das ist günstig und leicht sowie rückstandslos ablösbar.

Wenn Ergebnisse für alle sichtbar sein sollen, wie etwa bei Vereinbarungen in Konflikten oder der Einteilung von Arbeiten, zahlt sich die Niederschrift mit späterer Kontrollmöglichkeit besonders aus. So können Umgangsregeln miteinander oder Kompetenzabgrenzungen im Original aufgehoben, an geeigneter Stelle im Unternehmen aufgehängt oder per Fotoprotokoll zur Verfügung gestellt werden.

Ein spezifisches Merkmal von Flipcharts ist es, dass einmal Niedergeschriebenes kaum gelöscht und im Nachhinein praktisch nicht mehr verändert werden kann. Diese Möglichkeit hat man schon bei der Tafel oder der Pinnwand, von der einzelne Kärtchen leicht gelöst und entfernt werden können. Deshalb sind diese Medien auch nicht einfach auswechselbar oder gleichermaßen einsetzbar. Überlegen Sie genau, welches Medium Sie in welcher Phase am besten einsetzen können.

Für den Einsatz gibt es sehr unterschiedliche Optionen:

○ Ein leerer Bogen wird im Laufe einer Moderation zeitgleich z.B. mit Ideen und Stichwörtern der Teilnehmer beschrieben.

○ Der Moderator bereitet eine Grobstruktur auf (z.B. Vorteile/Nachteile). Die Gruppe füllt diese mit Inhalten.

○ Das Flipchart wird fertig vorbereitet und präsentiert.

An obigen Beispielen erkennt man auch sehr schnell, wie stark der Moderator die Gruppe in den Prozess involvieren oder aber auch ausschließen kann. Es hängt alles davon ab, welches Medium er wie einsetzt. Die Inhalte können allein vom Moderator oder allein von der Gruppe kommen. Oder aber sie werden gemeinsam von Moderator und Gruppe erarbeitet. In letzterem Fall sollte der Moderator sich auf die Strukturierung beschränken und die inhaltliche Arbeit der Gruppe überlassen.

Einen weiteren ganz zentralen Vorteil des Flipcharts bildet die örtliche Flexibilität. So kann das Flipchart direkt vor der Gruppe aufgestellt, in die Mitte oder auch auf die Seite geschoben werden, um die Ideen „mit Abstand" zu betrachten. Die Nähe zwischen Teilnehmern und Flipchart wirkt sich gerade bei Moderationen meistens positiv auf die Atmosphäre und die Bereitschaft zur Mitarbeit aus.

Die Schriftgröße hängt natürlich von der Anzahl der Personen ab. Bei Gruppengrößen bis zu 12 Teilnehmern können maximal 15 Zeilen geschrieben werden.

Nachteile des Flipcharts sind einerseits seine Sperrigkeit (vor allem, wenn Sie ein Dreibein-Flipchart ohne Rollen haben) und seine begrenzte Fläche andererseits. Wie oben angeführt, müssen Sie so groß schreiben, dass auch Teilnehmer in den hinteren Reihen den Text noch lesen können, was gleichzeitig bedeutet, dass Sie nicht viel Text auf einem Blatt unterbringen.

Praxistipp:
Achten Sie beim Kauf von Filzstiften („Markern") auf Qualität! Breite, keilförmige Spitzen machen das Schreiben besonders angenehm und erlauben eine dickere Schrift, während die billigen Ausführungen nur wie Kugelschreiber auf dem Papier aufsetzbar sind und auch ähnlich wenig hergeben.

Pinnwand

Pinnwände sind für viele Moderatoren ein ganz besonderes Medium, um kreativ und spannend zu arbeiten.

Das kommt daher, dass kein anderes Medium so vielseitig einsetzbar ist.[16]

Als Tafel, Flipchartersatz und erweiterte Fläche kann die Pinnwand benutzt werden, indem Sie Packpapier darauf heften.

> **Praxistipp:**
> Sollten Sie kein Packpapier zur Hand haben, können Sie zwei Flipchartblätter quer nehmen und umfunktionieren.

---

[16] B. WEIDENMANN bietet interessante Ideen in 100 Tipps & Tricks für Pinnwand und Flipchart, z.B. „Ideen auf der Wäscheleine". Hier wird zwischen zwei Pinnwänden eine Wäscheleine gespannt und daran mit Wäscheklammern Karten oder Objekte befestigt.

Im Unterschied zum Arbeiten mit einem Projektor, können die Teilnehmer auch gebeten werden, Ihre Beiträge selbst auf die Fläche zu schreiben, womit eine wesentlich höhere Beteiligung gegeben ist.

Als Trennwand kann die Pinnwand gut eingesetzt werden, wenn Kleingruppen ungestört arbeiten sollen. So können etwa für einen Vorschlag zwei Arbeitsgruppen gebildet werden, die sich jeweils mit pro und kontra beschäftigen. Zwischen die arbeitenden Gruppen kann leicht eine Pinnwand geschoben werden.

Sie kann als Moderationswand dienen, an die Moderationskärtchen angepinnt werden. Der große Vorteil dieser Methode ist der Umstand, dass die Teilnehmer ihre Beiträge vorab, etwa in Kleingruppen vorbereiten und somit inhaltlich in die Tiefe arbeiten können. Im Gegensatz zum Ad-hoc-Beitrag kommen hier in der Regel auch qualitativ und quantitativ hochwertigere Meldungen.

Zusätzlich können die einzelnen auf Kärtchen geschriebenen Beiträge problemlos umgeordnet, zusammengehängt oder in Kategorien umgeordnet werden, was in einem laufenden Prozess ein besonderer Vorteil ist (siehe auch Kärtchenabfrage).

Wie alle Medien hat natürlich auch die Pinnwand ihre Nachteile: Da ist zum einen ihre Sperrigkeit zu nennen, die sie etwas unhandlich macht.

Hat die Pinnwand keine arretierbaren Ausstellbeine, muss man sehr darauf achten, dass nicht eines der Beine eingeklappt ist und die Pinnwand umfällt. Hat sie Rollen, ist sie zwar einfach verschiebbar, rutscht dafür aber leicht weg, wenn Sie etwas anpinnen. Überhaupt erfordert das Anpinnen beispielsweise von Moderationskärtchen etwas Übung: Neulingen passiert es durchaus häufig, dass sie die Nadeln mehrmals verlieren, weil Sie zu vorsichtig pinnen – was meist für herzhaftes Gelächter aus dem Kreis der Teilnehmer sorgt.

Pinnwände nehmen alleine auf Grund ihrer Größe eine gewisse Dominanz im Raum ein. Achten Sie deshalb darauf, sich nicht den ganzen Raum mit Pinnwänden „zuzupflastern".

Praxistipp:
Die Pinnwand ist das Parademedium der Moderation. Nehmen Sie ruhig einmal Schere, Kleber oder Gummiringe zur Hand und probieren Sie, was damit alles machbar ist!

Beispiel:
Schneiden Sie das Packpapier ein und „verstecken" dahinter Kärtchen so, dass nur ein kleiner Teil hervorsieht. Bei der Bearbeitung ziehen Sie dann das jeweilige Kärtchen nach links aus der Öffnung hervor.

Whiteboard und Tafel

Die Tafel kennen wir wahrscheinlich alle noch aus der Schule. Das moderne Pendant ist das Whiteboard. Gerade bei Moderationen sind beide gute Medien, um „eben mal schnell" wichtige Punkte mitzuschreiben, einen Sachverhalt zu visualisieren oder die Agenda niederzuschreiben.

Mit wenig Aufwand entstehen so spontane, unmittelbare und einzigartige Bilder und Strukturen. Der Vorteil gegenüber dem Flipchart ist dabei nicht nur der ökologische Einsatz. Niedergeschriebenes kann leicht ausgebessert und verändert, ergänzt, ersetzt oder gelöscht werden. Jede Entwicklung von Gedanken ist somit unmittelbar für die Teilnehmer nachvollziehbar.

Auch im Dialog mit der Gruppe ist die Einbeziehung von Teilnehmern oder gleich die Weitergabe der Kreide oder des Stifts leicht möglich. Das Ergebnis wird somit durch die Teilnehmer selbst entwickelt, darüber hinaus sind Tafel oder Whiteboard für spontane Ideen offen. Durch das leichte Löschen sind Sackgassen leicht wieder verlassen, ohne wie auf dem Flipchart durchgestrichen an „Fehler" zu erinnern.

Da die Vorbereitung allerdings vor Ort eine Zeit lang dauert und bei diesem Medium weder fertige Folien noch Flipchartpapier vom Moderator mitgenommen werden können, sind diese Medien in erster Linie für offene Phasen in der Moderation zu empfehlen, d.h. in der Phase der Bestandsaufnahme oder der Themenbearbeitung.

Die meisten Tafeln sind etwa 2-3m^2 groß, sodass nicht mehr als 12 Zeilen auf eine Tafel geschrieben werden sollten (Zeilenhöhe 8-10cm).

Manche Whiteboards erlauben auch den Einsatz von Magneten. Damit lassen sich vorbereitete Materialien wie Zeichnungen, Fotos oder Moderationskarten gut anbringen.

Projektor- oder Flatscreen-Projektion

Projektionen mittels Videobeamer sind zur Darstellung von vorab aufbereiteten Computerdaten und Präsentationen gut geeignet und State-of-the-art im geschäftlichen Kontext. Das gilt allerdings tatsächlich nur für Präsentationen: In Moderationen, die ja speziell für die Zwei-Weg-Kommunikation stehen, kommen in der Regel kaum klassische Präsentationen vor. Am ehesten findet man sie in Form eines Impulsreferates zu Veranstaltungsbeginn. In der eigentlichen Moderation jedoch hat die Präsentation samt Videoprojektor nichts zu suchen.

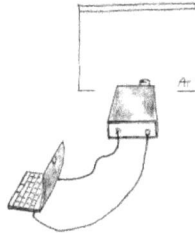

Praxistipp:

Verwenden Sie den Projektor nur dann, wenn Sie ihn unbedingt benötigen und nur für die Dauer der eigentlichen Projektion, beispielsweise für ein Impulsreferat. Schalten Sie ihn danach ab und laden Sie die Teilnehmer ein, „für unsere Diskussion" gedanklich und physisch Platz zu machen. Aktivieren Sie sie mit anschließendem Medienwechsel zur Pinnwand.

Overheadprojektor

Der Overhead- oder Tageslichtprojektor kann bei der Moderation funktional und gezielt einsetzt werden, z.B. wenn es etwas zu visualisieren gibt. Overheadprojektoren kommen insbesondere dann zum Einsatz, wenn die Teilnehmergruppe mehr als 15 Teilnehmer beträgt und das Flipchart daher nicht mehr von allen gut gesehen werden kann.

Dabei arbeitet der Moderator allerdings nicht mit bereits vorgefertigten Folien, sondern ganz wie am Papier, indem er Zeichnungen oder auch Text vor den Augen der Gruppe entstehen lässt. Das Gerät selbst muss er in diesem Fall zwischendurch immer wieder aus- beziehungsweise dunkel schalten und ausgeschaltet lassen, wenn nichts zu visualisieren ist. Da die Information auch hier hauptsächlich aus der Gruppe kommen soll, ist der Blickkontakt zu den Teilnehmern sehr wichtig, was in abgedunkelten Räumen zu Problemen führen kann. Zusammengefasst kann gesagt werden, dass der Einsatz nur bei größeren Gruppen ab 15 Teilnehmern zu empfehlen ist.

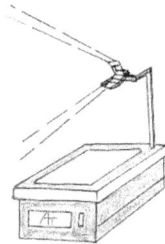

Medienvergleich auf einen Blick

Medium	Vorteile Nachteile	Achtung!	Anwendung
	haltbar farblich gestaltbar leicht kopierbar und produzierbar Arbeiten „Auf Zuruf" möglich ――――― Verdunkelung notwendig blendet beim Mitschreiben etwas altmodisch mehr Aufwand als Flipchart-mitschrift	wasserfeste Stifte bereithalten Visualisierungs-grundsätze be-achten (Farben, Größe) bei Nichtge-brauch rasch wieder ausschal-ten verleitet zu Ki-noatmosphäre	wenn Informatio-nen gezeigt werden sollen vor allem bei grö-ßeren Gruppen (>15) Gruppenergebnisse können in Klein-gruppenarbeiten auch vorbereitet (und gezeigt) lassen werden
	lebendige Bild-präsentation und Aufbau motivie-rend möglich Effekte leicht veränderbar ――――― benötigt Zeit beim Hochfahren	nicht verleiten lassen, bloß „bullet point" Text zu verwenden; Teilnehmer sind notgedrungen passiv; wertet Beiträge der Teilnehmer eher ab.	gut anwendbar, wenn einseitig Input gegeben werden soll (z.B. Lageschilderung, Impulsreferat)

Medium	Vorteile Nachteile	Achtung!	Anwendung
	rasch einsetzbar örtlich flexibel leicht ergänzbar und veränderbar, kann zeitlich unbegrenzt im Hintergrund aufgehängt werden	auf große Schriftgröße achten verkürzen!	gut einsetzbar zur spontanen Visualisierung Entwicklung von spontanen Ideen Festhalten von Punkten, die nicht gleich behandelt werden sollen
	nur mittels Fotoprotokoll mitzugeben		
	Unkompliziert, rasch, leicht zu korrigieren, große Fläche, dominant	langsamer, dafür deutlich schreiben, Struktur entwickeln, z.B Überschrift, Unterpunkte, Nummerierung usw.	das Idealmedium in Moderationen; eher für kleinere Gruppengrößen, gut, um Ideen gemeinsam zu entwickeln und damit weiter zu arbeiten
	nur Schrift und einfache Grafiken, nimmt viel Platz ein		

Tipps & Tricks für den Medieneinsatz

Tipp	Achtung!
Medien sollen Sie und den Moderationsprozess unter-stützen, nicht umgekehrt. Überlegen Sie zuerst, welches Medium welche (Gruppen-) Dynamik auslöst.	Besonders bei PC und Projek-tor gehen Teilnehmer leicht in eine passive Position, die dem Moderationsprozess hinder-lich ist.
Blickkontakt ist und bleibt für die Kommunikation mit Ihren Zuhörern wesentlich.	In jedem Sinne: Verstecken Sie sich nicht hinter Medien!
Führen Sie die Aufmerksam-keit bei der Verwendung von Bildern und erwähnen Sie auch Details, bis Teilnehmer sich selbst „ins Bild setzen" können.	Grundsatz: Sprechen oder Zeigen. Wenn Sie sprechen, dann zu den Teilnehmern und nicht zu den Medien.

Tipp	Achtung!
Jedes Bild ist nur so lange wichtig, bis es seine Aufgabe, erfüllt hat. Danach: weg damit!	Von Ihnen aufgelegte vorgefertigte Bilder sehen Teilnehmer oft zum ersten Mal. Geben Sie ihnen dafür Zeit!
Das Hilfsmittel Bild hat einen „richtigen" Zeitpunkt, an dem es eingeführt/gezeigt werden sollte. Finden Sie diesen heraus!	„Kurzes Auflegen" hinterlässt fast immer einen unvollkommenen, gehetzten Eindruck: Ganz oder gar nicht!
Verlassen Sie sich nur auf sich – und auf geprüfte Technik.	Die Überprüfung technischer Hilfsmittel kostet Zeit. Planen Sie diese ein!
Gehen Sie bei der Erklärung von vorbereiteten Flipcharts, Folien usw. vom Allgemeinen/Grundsätzlichen zum Speziellen.	Für die Teilnehmer sind Sie gleichzeitig Veranstalter, Assistent und Raumordner. Sie – und Sie allein – sind verantwortlich für die Technik.

KAPITEL 6

DIE MODERATIONSMETHODE IM

INTERKULTURELLEN KONTEXT

Akzeptanz der „deutschen" Moderationsmethode

Wir sind für unsere Kunden auch oft im Ausland unterwegs, im Speziellen in den Ländern Ost- und Mitteleuropas. Dass hier andere Sitten herrschen als im deutschsprachigen Raum wurde uns sehr schnell schon bei der ersten Moderation im Zuge eines Trainings in Warschau bewusst:

Im gegenständlichen Verhandlungsseminar gab es einige besonders wichtige Trainingselemente, bei denen der Trainer eine moderierende Rolle einnehmen würde.

Eines dieser Elemente, die Kärtchenabfrage, war bereits kurz nach dem Seminarstart geplant. Dieser Teil war für das Lernziel und die Prioritäten im Training außerordentlich wichtig und die Methode hatte sich bereits vielfach als zuverlässig und kreativitätsfördernd erwiesen. Deshalb freuten wir uns schon darauf, unterschiedliche Moderationskärtchen mit verschiedenen Farben auszugeben, auf welchen die Teilnehmer ihre speziellen Interessen und Wünsche für dieses Seminar niederschreiben sollten.

In dieser Sequenz sollten die Teilnehmer ihre Kärtchen in Kleingruppen besprechen, beschriften und übersichtlich auf der Pinnwand zusammentragen. Das ist insofern besonders nützlich, als jeder Teilnehmer auf diese einfache Weise seine Wünsche an das Seminar und gegebenenfalls auch Befürchtungen anführen kann. Mehrfachnennungen können in weiterer Folge leicht zusammengefasst, Themenfremdes kann erkannt und zur Seite gehängt werden. Schwerpunkte werden rasch erkannt und können nötigenfalls ergänzt werden. Bestimmte Themen können leicht bearbeitet werden, indem das Kärtchen als Überschrift für ein (Unter-)Thema verwendet wird. Außerdem sind alle Kärtchen während des gesamten Seminarablaufs gut sichtbar und dienen auch als Inhaltsverzeichnis beziehungsweise Agenda.

So weit, so gut — wenn das Seminar nur nicht in Warschau stattgefunden hätte!

Am Vorabend besahen wir sicherheitshalber den Seminarraum. Und siehe da: Es gibt keine Moderationskärtchen. „Auch nicht weiter tragisch", denken wir uns, „wir haben ja ausreichend Kärtchen in unserem Moderationskoffer".

Aber es kommt schlimmer: „Pinnwände? Was ist das genau?" fragt der Hotelmanager. Und tatsächlich gibt es im ganzen Seminarhotel nichts dergleichen. Da heißt es flexibel sein! Und so kommen wir auch auf eine pragmatische Lösung: Ein Flipchartpapier, um 90O gedreht, wird mit Klebeband an der Wand befestigt. Selbiges Klebeband ermöglicht es auch, die

Moderationskärtchen zu befestigen. Es lässt sich nämlich in kleine Röllchen formen, die dann auf beiden Seiten kleben. Zwar ist das erneute Abnehmen und Umhängen der Kärtchen an eine andere Stelle auf dem Flipchart damit einigermaßen mühsam, aber die Methode funktioniert! Gerettet!

Auch für eine spätere Ideensammlung im Laufe des Seminars gab es eine Alternative zum geplanten Einsatz der Pinnwand: Am Boden wurde eine bestimmte Fläche markiert und damit abgegrenzt. Auf diese konnten nun Kärtchen gelegt und leicht umgelegt werden. Das fertige Gesamtprodukt wurde dann am Ende des Prozesses auf Papier übertragen (abgeschrieben)!

An diesem Beispiel zeigt sich deutlich, wie wichtig es ist, sich zu vergegenwärtigen, dass die Moderationsmethode in weiten Teilen ein typisch „deutschsprachiges Modell" ist. Sie wurde vor allem in Deutschland entwickelt und mit Freude betrieben. Daher ist sie auch bei uns in Österreich besonders bekannt und akzeptiert – und es sind vor allem die dafür notwendigen Instrumentarien wie Pinnwand, Packpapier, Nadeln und Moderationskärtchen vorhanden. Das ist in den allermeisten Hotels in anderen Ländern und Regionen nicht der Fall. Nur Flipchart und Videoprojektor stehen dort mit hoher Wahrscheinlichkeit zur Verfügung.

Unterschiedliche Kulturen, unterschiedliche Erwartungen

Nicht nur die Methode an sich und die dazu notwendige Gerätschaft, auch die Art der Moderation und die Erwartungen an den Moderator muss ein Meistermoderator von einer kulturspezifischen Seite her betrachten. Ohne hier auf alle Kulturunterschiede eingehen zu können, ist es erwähnenswert, die Rolle eines Vortragenden beziehungsweise Moderators in Zusammenhang mit den Kulturen der Teilnehmer zu entwickeln.

Schon innerhalb der verschiedenen europäischen Kulturen ist die Erwartungshaltung in Bezug auf Gruppenregeln, Ablauf der Veranstaltung und Verantwortlichkeiten sehr unterschiedlich. Dabei kommt es selbstverständlich immer auch auf die konkrete Branche und die jeweilige Organisation und deren Gepflogenheiten an. Dennoch sollten Sie ganz grundsätzlich folgende Prinzipien bedenken:

Kontrollerwartung und Lenkungsanspruch

Das Verhältnis der Teilnehmer untereinander und vor allem auch zum Moderator ist sehr stark von gesellschaftlichen Rollenbildern und Machtverhältnissen geprägt.[17] Die Verantwortung füreinander, aber auch die Steuerung von Inhalt und Prozess hängen stark davon ab. In interkulturellen Analysen nennt man den diesbezüglichen Index PDI: Power Distance Index.

---

[17] Aufschlussreich in diesem Zusammenhang: J.MOLE Mind your Manners.

Dieser misst, was man als Machttoleranz oder Machtabstand bezeichnen könnte, vereinfacht gesagt: Man misst die erwarteten hierarchischen Ungleichheiten in einer Gesellschaft[18].

Das hat durchaus sehr praktische Auswirkungen auf Ihre moderierte Veranstaltung und auf die Erwartungen an Sie und Ihre Handlungen selbst. Ist die erwartete Ungleichheit klein, also der PDI niedrig, sind Sie „praktisch selbst ein Teilnehmer", bestenfalls „primus inter pares". Wird ein größeres Ungleichgewicht erwartet, so wird Ihnen mehr Verantwortung umgehängt.

So wird beispielsweise im eher egalitären Österreich dem Moderator weniger „Macht" und Spielraum zugestanden. Österreicher selbst glauben dies oft nicht so recht. Aber versuchen Sie einmal, eine Moderationsübung ohne Zweckangabe einzuleiten! Es wird sehr wahrscheinlich hinterfragt werden, wie und warum Sie darauf kommen.

Sie brauchen sich in einem Land mit geringer Machttoleranz auch nicht besonders um das leibliche Wohl der Teilnehmer zu kümmern. Türen und Fenster werden – oft ohne Sie zu fragen – geöffnet und geschlossen, Tische zurechtgerückt, Toilettenpausen selbstständig eingelegt.[19]

---

[18] Geert HOFSTEDE Cultures and Organizations
[19] In diesem Zusammenhang spielt auch stark die Kulturdimension Individualismus-Kollektivismus herein.

In Ländern mit anderer Ausprägung und hohem PDI, wie zum Beispiel in Mexiko, Guatemala, Ägypten oder der Ukraine, wird wesentlich mehr Steuerung von Ihnen als Moderator erwartet: Ist die Temperatur im Raum zu hoch oder zu niedrig, werden Sie dafür verantwortlich gemacht. Entsprechend diesem Verständnis von Moderation müssen in weiterer Folge Sie sich um eine Temperaturänderung kümmern. Nach österreichischem oder auch deutschem Verständnis hingegen würden das die Teilnehmer zumeist selbst machen.

Experimentierfreudigkeit

Auch an anderer Stelle sind große Unterschiede erkennbar: Wie viel „Spiel" ist in der Moderation erlaubt – für manche Kulturen (Deutschland, Ungarn) geht manchmal schon das Ballwerfen zu weit. Eine Moderation hat in diesem Zusammenhang „ernst" und „seriös" zu sein, auch in den ausgewählten Übungen.

Teilnehmer aus anderen Kulturen, wie den U.S.A., bemängeln es, wenn nicht wenigstens hin und wieder körperliche Entspannungsübungen gemacht werden oder der eine oder andere Witz oder eine Geschichte erzählt wird.

Spannungsbogen

Interessant in der Unterscheidung des Moderationsstils unterschiedlicher Kulturen ist auch die Frage nach der Ausgestaltung des Spannungsbogens. Dabei handelt es sich um die Art der Aneinanderreihung unterschiedlicher Sequenzen, die Zeitvorgaben für Übungen und die Art der Aufarbeitung der Inhalte:

U.S.-amerikanisch orientierte Kulturen erwarten und bevorzugen schnelle kurze Sequenzen mit möglichst viel Farbe und Lärm; hier werden eher unterschiedliche Medien eingesetzt, Filmausschnitte gezeigt, Musik in den Pausen im Raum oder auch während Kleingruppensequenzen eingesetzt.

Europäische Kulturen erwarten weniger „Show", wollen dafür aber mehr Zeit für Details und „Tiefe" haben. Hier muss tatsächlich mehr Zeit für die einzelnen Gruppengespräche kalkuliert werden. Auch kann Musik oft gar nicht oder nur sehr spärlich eingesetzt werden, da diese als störend beim Gedankenprozess empfunden wird.

Unterschiede gibt es schließlich auch im Entscheidungsprozess: Hier wiederum brauchen vor allem die deutschsprachige und die französische Kultur genügend Zeit für die Ursachenforschung, um von dieser Basis aus Lösungen zu entwickeln. Nimmt man sich also im Rahmen der Moderation dafür nicht ausreichend Zeit, kommen Lösungen kaum zustande.

Im U.S.-amerikanischen Raum ist die Situation umgekehrt. Wird hier zu viel Zeit für Ursachen oder gar Hintergründe „verschwendet", beschweren sich die Teilnehmer. Sie
wollen fast direkt in mögliche Lösungen und Optionen sprin-
gen. Dafür kann es passieren, dass bald wieder eine nächste
Moderation fällig ist. War die gefundene Lösung nämlich nicht
passend, so sucht man eine neue und fängt das ganze Procede-
re eben von vorne an.

BEISPIELSAMMLUNG

Moderation regelmäßiger Quartal-Reviews

Ausgangssituation:

In einem mittelständischem Forschungsunternehmen mit knapp 200 Mitarbeitern wird auf Ebene der Abteilungs- und Geschäftsfeldleiter vierteljährlich die Erreichung der strategischen und operativen Unternehmensziele überprüft. An diesen Sitzungen nehmen in der Regel 8-10 Personen teil, die sich alle bereits sehr lange und entsprechend gut kennen. Die Teilnehmer sind einander teilweise hierarchisch über- beziehungsweise untergeordnet.

Diese Sitzungen finden seit Anfang des Jahres statt. Nachdem die ersten drei Treffen (geleitet vom Bereichsleiter als Höchstrangigem in diesem Kreis) sehr chaotisch und wenig produktiv verliefen, entschloss sich die Geschäftsführung, uns als externe Moderatoren hinzuzuziehen.

Für das Review stehen maximal vier Stunden zur Verfügung, kürzer darf es sein, länger nur bei absoluter Notwendigkeit und nach Absprache.

Das Konzept für unser erstes Reviews sieht so aus:[20]

---

[20] Die Idee, Konzepte in dieser Art und Weise zu formalisieren stammt von unserer hochgeschätzten Kollegin Frau Mag. Sabine PROHASKA. Ihre Trainerausbildung setzt neue Impulse im Bereich Moderationstechnik für Trainer: www.seminarconsult.at

Zeit	Inhalt	Methode
08.00 08.15	Begrüßung, Vorstellung und Erläuterung von Rolle und Aufgabe des Moderators, Ausgabe Namenskärtchen	Namenskärtchen
08.15 08.25	Gemeinsames Durchgehen aller zur Besprechung anstehender Themen (Tagesordnungspunkte)	Farbige DIN A4-Blätter[1]
08.25 08.30	Gewichtung und Reihung der Themen[2]	Klebepunkte
08.30 09.25	Besprechen der ersten beiden Themenbereiche, Überführung später zu bearbeitender Fragen in einen Themenspeicher, Überführen vereinbarter Maßnahmen in einen Maßnahmenplan	Flipchart (Themenspeicher) Pinnwand (Maßnahmenplan)
09.25 09.35	PAUSE	
09.35 09.50	Erarbeitung von Gesprächsregeln für die weitere Themenbearbeitung[3]	Flipchart, von allen unterschrieben
09.50 11.00	Besprechen der Themenbereiche 3 und 4, Überführung später zu bearbeitender Fragen in einen Themenspeicher, Überführen vereinbarter Maßnahmen in einen Maßnahmenplan	Flipchart (Themenspeicher) Pinnwand (Maßnahmenplan)
11.00 11.10	PAUSE	
11.10 11.50	Besprechen des Themenbereichs 5, Überführung später zu bearbeitender Fragen in einen Themenspeicher, Überführen vereinbarter Maßnahmen in einen Maßnahmenplan	Flipchart (Themenspeicher) Pinnwand (Maßnahmenplan)
11.50 11.55	Abklärung und Vereinbarung was mit dem offenen Themenbereich 6 passieren soll[4]	
11.55 12.05	Klärung offener Fragen, Einpunktafrage[5], Verabschiedung	Einpunktabfrage Flipchart

Ad 1:

Die Ziele und die dazugehörenden Teilziele werden stichwortartig auf farbige DIN A4-Blätter gedruckt und an der Wand aufgehängt. Zusammen gehörende Ziele werden jeweils einer Farbe zugeordnet. Auf diese Weise können so mühelos alle 6 Ziele inklusive der Teilziele übersichtlich dargestellt werden.

Ad 2:

Wir wissen von der Geschäftsführung, dass in den bisherigen Reviews wichtige Fragen oft nicht geklärt werden konnten. Vor dem ersten von uns moderierten Review ist es kaum abschätzbar, ob die Zeit für die Besprechung aller Themen reichen wird. Dementsprechend scheint es uns angeraten, die Teilnehmer selbst über die Reihung der Themen entscheiden zu lassen.

Jeder Teilnehmer bekommt 3 Klebepunkte mit folgender Anweisung: „Wie Sie wissen, haben wir maximal 4 Stunden Zeit für das heutige Review. Natürlich hoffe ich, dass wir alle Themen behandeln können. Für den Fall, dass es sich nicht ausgeht, macht es Sinn, eine Reihenfolge festzulegen, in der wir die einzelnen Themen bearbeiten werden. Ich bitte Sie, sich zu überlegen, welche Themen Ihrer Meinung nach unbedingt behandelt werden sollen, und welche aus Ihrer Sicht weniger dringlich sind. Im Anschluss kleben Sie bitte Ihre Punkte auf die obersten DIN-A4-Zettel, wobei Sie für ein Thema maximal zwei Punkte vergeben können. Aus der Summe der Punkte pro Thema ergibt sich dann die Reihenfolge der Bearbeitung.

Ad 3:

Im Laufe der Diskussion der ersten beiden Themenbereiche zeigt es sich, dass die Runde von einigen Vielrednern dominiert wird, die auf Vorschläge und Einwände anderer Teilnehmer überkritisch bis abschätzig reagieren.

Aus diesem Grund stellen wir nach der Pause die Frage, was die Gruppe an Gesprächsregeln braucht, um effizienter und produktiver arbeiten zu können. Diese Regeln werden auf dem Flipchart niedergeschrieben und im Anschluss von allen Teilnehmern unterschrieben und aufgehängt.

Ad 4:

In diesem Fall wurde vereinbart, dass dieser Themenbereich im nächsten Review als erstes Thema besprochen wird. Mit jenen zwei Teilnehmern, die von diesem Ziel besonders betroffen sind, wird jedoch sofort ein zusätzlicher Besprechungstermin mit dem Bereichsleiter vereinbart.

Ad 5:

Aus Zeitgründen führen wir keine Feedbackrunde mehr durch, sondern helfen uns mit folgender Einpunktabfrage: „Wie zufrieden bin ich mit dem Verlauf dieses Reviews?". Auf diese Weise ist rasch feststellbar, in wie weit wir für die zukünftigen Reviews die von uns gewählte Form der Moderation beibehalten können.

Workshop zum Thema „Verbesserung der Zusammenarbeit"

Ausgangssituation:

Die Zusammenarbeit zwischen Fachbereichsleitern, Geschäftsfeldleitern und den Vertretungen der Fachbereichsleiter (insgesamt 17 Personen) eines Schweizer Industriebetriebes funktioniert seit mehr als einem Jahr mehr schlecht als recht. Die Kommunikation ist auf das notwendigste beschränkt, es haben sich Subgruppen gebildet, die in sich im Großen und Ganzen gut arbeiten, gleichzeitig grenzen sie sich gegenüber den anderen (Sub-)Teams jedoch ab und beschränken deren Unterstützung auf das absolut Notwendige. Einzelne Teammitglieder zeigen bereits Erschöpfungssymptome und sind überproportional häufig krank. Mehrere Mitarbeiter spielen mit dem Gedanken, den Arbeitsplatz zu wechseln.

In einer der wöchentlichen Teambesprechung wird der Entschluss gefasst, einen externen Moderator hinzuzuziehen, um die für alle Mitarbeiter belastende Situation zu klären und einer Verbesserung zuzuführen.

Angedacht ist eine maximal eintägige Veranstaltung, da die Geschäftsführung für den Workshop keine Arbeitszeit zur Verfügung stellt, das heißt, die Teilnehmer müssen dafür ihre Freizeit hergeben.

Letztlich nehmen an der Veranstaltung 12 Personen teil, von denen niemand Erfahrung mit der Workshopmethode mitbringt.

Zeit	Inhalt	Methode
09.00 09.25	Begrüßung, Erläuterung der Moderationsmethode, Überblick über Tagesprogramm, Namenskärtchen	Flipchart Pinnwand
09.25 09.30	Einstiegsrunde mit Satzanfängen[1]	Moderationskärtchen
09.30 10.00	Bildung einer Act-out-Gruppe und einer Skulpturgruppe[2] zum Thema „Unsere Zusammenarbeit" Vorbereitungszeit: 20min Darstellung: jew. ~5min	Bildung zweier Zufallsgruppen[3]
10.00 10.45	Interpretationen der Darstellungen auf Moderationskärtchen (ein Stichwort pro Kärtchen, max. 4 Kärtchen pro Teilnehmer); Sammeln, Aufpinnen, Clustern, Clusterüberschriften bilden	Moderationskärtchen Pinnwand
10.45 11.00	PAUSE	
11.00 11.15	Clusterüberschriften in Themenspeicher überführen Themen mittels Mehrpunktabfrage gewichten und reihen	Flipchart Mehrpunktabfrage
11.15 12.15	Bildung zweier Kleingruppen zu den Arbeitsthemen 1 & 2 Themenbearbeitung mittels 3-Felder-Tafel: IST-Zustand, SOLL-Zustand, Erste Schritte vom IST zum SOLL	Flipchart; Bildung von Wahlgruppen
12.11 13.30	MITTAGESSEN	
13.30 15.30	Präsentation der Ergebnisse aus Arbeitsgruppe 1 Diskussion im Plenum Definition der Verbesserungsmaßnahmen (Visualisierung auf Flipchart) Überführung der Verbesserungsmaßnahmen in Maßnahmenplan	Flipchart Pinnwand Maßnahmenplan (Pinnwand)

15.30 15.50	PAUSE	
15.50 17.45	Präsentation der Ergebnisse aus Arbeitsgruppe 2 Diskussion im Plenum Definition der Verbesserungsmaßnahmen (Visualisierung auf Flipchart) Überführung der Verbesserungsmaßnahmen in Maßnahmenplan	Flipchart Pinnwand Maßnahmenplan (Pinnwand)
17.45 18.00	PAUSE	
18.00 18.30	Gemeinsame Überprüfung des Maßnahmenplanes, ggf. Ergänzungen oder Umformulierungen	Maßnahmenplan (Pinnwand)
18.30 18.45	Ein Punk, Zwei Achsen-Abfrage[4], Schlussrunde (Blitzlicht) Schlusswort Moderator	

Auf Grund der äußerst positiven Feedbacks und der konstruktiven Verbesserungsvorschläge wurde neun Monate später eine zweitägige Follow-up-Veranstaltung durchgeführt, an der auch tatsächlich 15 der 17 Teammitglieder teilnahmen.

Ad 1:

Die Einstiegsmethode „Satzanfänge" wurde aus verschiedenen Gründen gewählt: Einerseits, weil sich die Teilnehmer untereinander bereits gut kennen und eine klassische Vorstellungsrunde somit keinen Sinn machen würde.

Andererseits war es uns wichtig, dass jeder Teilnehmer zu Beginn etwas sagt (auch im Sinne des Ankommens), ohne dabei bereits in die eigentliche inhaltliche Arbeit zu gehen.

Darüber hinaus ist diese Methode sehr zeiteffizient und gibt gleichzeitig einen raschen ersten Einblick in die augenblickliche Befindlichkeit der einzelnen Teilnehmer.

Ad2:

Die Methoden Act-out und Skulptur schienen uns für die Themenerhebung insofern am besten geeignet, weil sie den Ist-Zustand des Teams auf eine eher unbewusste, kreative und vor allem sehr spielerische Art zum Ausdruck bringen. Gleichzeitig haben diese Methoden einen gewissen Teaming-Effekt, weil die handelnden Akteure sich durch das *gemeinsame* Ausdenken und *gemeinsame* Vorführen ihrer Darbietung auf sehr konstruktive Art und Weise mit ihren Themen beschäftigen.

Ad3:

Wir bildeten bewusst Zufallsgruppen, weil wir sicherstellen wollten, dass gerade bei dieser Übung Personen zusammen arbeiten, die sich sonst aus dem Weg gehen.

Ad4:

Die beiden Fragen lauteten: „Wie zufrieden bin ich mit dem Arbeitsergebnis?" und „Wie zufrieden bin ich mit dem Arbeitsklima innerhalb der Gruppe?"

Trainingskonzept zum Thema „Kommunikation und Präsentation"

Ausgangssituation:

Die Teilnehmer werden zu einem eintägigen Seminar eingeladen, um miteinander das Thema Kommunikation zu erarbeiten und für Ihre Präsentationen beim Kunden zu üben. Das Thema selbst ist schon in vorangegangenen Seminaren eingehend geübt worden, allerdings kommen die Teilnehmer aus unterschiedlichen Abteilungen und Firmen zusammen, sodass der Trainingsstand der Teilnehmer unterschiedlich ist.

Ziel:

Ziel des Seminars ist eine Vereinheitlichung des Verständnisses von Kommunikation und eine kurze praktische Auffrischung der eigenen Präsentationsfähigkeiten.

Teilnehmerzahl:

Insgesamt nahmen 12 Teilnehmer teil.

Vorüberlegungen:

Ein Tag ist für 12 Teilnehmer und die Themen Kommunikation und Präsentation eigentlich zu kurz, um wirklich etwas zu bewegen. Es soll daher vor allem darum gehen, den „Status quo" festzustellen. Der theoretische Teil kann aus Zeitgründen nur eine Minimalvariante werden. Die Vorstellungsrunde soll gleich mit einer ersten Übung verknüpft werden, um Zeit zu sparen. In diesem speziellen Seminar ist das kein Problem, weil alle Teilnehmer Vorkenntnisse haben. Im ersten Teil kann die Kärtchenabfrage als Moderationsmethode gut eingesetzt werden, um Erwartungen zu klären und ein gegenseitiges Kennenlernen zu ermöglichen. Im eigentlichen Training von Kurzpräsentationen am Nachmittag wird der Trainer hauptsächlich als Moderator für das Feedback der Gruppe im Einsatz sein:

Zeit	Inhalt	Methode
8:00 8:45	Begrüßung und Kurzpräsentation der Teilnehmer[1]	Selbstvorstellung
8:45 9:15	Inhalte/ Erwartungen abklären[2]	Kärtchenabfrage
9:15 9:40	Besprechung der Erwartungen im Plenum, Teilnehmer präsentieren an Pinnwand	Reine Moderation, Präzisierungsfragen
9.40 9:45	Präsentation des Seminarprogramms	PowerPoint-Präsentation
9:45 9:55	PAUSE	
09:55 10:30	Grundlagen Kommunikation je nach Seminarinhalt und gesetzten Schwerpunkten, z.B. Einweg/Zweiwegkommunikation, Kommunikationskanäle, Körpersprache etc.	Flipchart oder Powerpoint, Tafel
10:30 11:00	Übung zu Kommunikation, z.B. „stille Post" oder „aktives Zuhören" o.ä.	Rollenspiel oder Übung im Plenum

11:00 11:30	Aufbau von Präsentationen, Strukturgebung	Powerpoint-Projektion
11:30 11:40	Entspannungsübung zum Thema Stressabbau, Atmung, Erdung o.ä.	
11:40 12:00	Vorbereitungszeit für Präsentationen am Nachmittag, Themenvorgabe und Vor- schau für Nachmittag	individuelle Vorbereitung
12:00 13:00	MITTAGESSEN	
13:00 16:40	Eigentliches Training, Präsentationen durchführen und Analysieren	Feedback-methode
16:40 16:55	Blitzlicht[3]	Moderations-ball
16:55 17:00	Abschluss	

Ad 1:

Die Teilnehmer werden bewusst „ins kalte Wasser" gestoßen, um abschätzen zu können, wie gut sie sich bereits präsentieren können. Daher wurde der Auftrag gegeben: genau 2 Minuten lang im Stehen vor der Gruppe ohne Hilfsmittel frei zu sprechen.

Die Teilnehmer werden gleichzeitig darauf hingewiesen, dass dies bereits die erste Übung ist, und dass dem entsprechend Fragen zur Seminarorganisation und Seminarstruktur später erörtert werden.

Ad 2:

Hier wird die „normale" Kärtchenabfrage verwendet, um Teilnehmern die Möglichkeit zu geben, Spannungen aus der intensiven Übung davor abzubauen und einander gleichzeitig (besser) kennen zu lernen. Dafür werden 4 Kleingruppen á 3 Personen gebildet, die insgesamt je Kleingruppe 6-10 Kärtchen erhalten. Achtung: Je mehr Kärtchen, desto länger wird die anschließende Besprechung im Plenum dauern!

Der Auftrag lautet beispielsweise:

„Ich werde Sie nun in 4 Kleingruppen zu je 3 Personen einteilen. Ihre Aufgabe wird es sein, miteinander zu besprechen, welche inhaltlichen Schwerpunkte Sie in unserem eintägigen Seminar legen wollen. Bitte schreiben Sie jeweils auf ein Kärtchen (herzeigen!) mit den dicken Markern (herzeigen!) ein Schwerpunktthema auf. Insgesamt gebe ich Ihnen pro Gruppe 10 Kärtchen und bitte Sie, sich in der Gruppe auf maximal 10 Schwerpunktthemen zu einigen. Sie haben dafür 10 Minuten Zeit. Sobald Sie fertig sind, können Sie die Kärtchen direkt an die Pinnwand hängen. Anschließend, wenn alle Gruppen fertig sind, wird jeweils ein Gruppenmitglied bitte im Plenum die Themen vorstellen.

Ich zähle nun kurz und teile jedem von Ihnen eine Nummer von 1-4 zu. Bitte merken Sie sich diese und gehen mit den anderen beiden Teilnehmern zusammen, die die gleiche Nummer wie Sie erhalten haben. Gibt es dazu noch Fragen?! (Anschließend beginnen Sie im Plenum laut z.B. von links nach rechts alle Teilnehmer von 1 bis 4 durchzuzählen und wiederholen nochmals die Zeitvorgabe.)

Ad 3:

Ein Moderationsball wird in die Runde eingeführt. Der Auftrag lautet: „Wir haben heute einiges hinter uns gebracht, viele Präsentationen gesehen und Feedback gegeben und bekommen. Ich werde diesen Ball nun einem von Ihnen zuwerfen. Wenn Sie den Ball in Händen halten, bitte ich Sie, uns kurz zu erzählen, was Sie heute hier erlebt und gelernt haben. Es reicht, wenn Sie ein kurzes Stimmungsbild von 3-5 Sätzen geben. Danach werfen Sie den Ball bitte vorsichtig einem anderen Teilnehmer zu, der den Ball noch nicht gehabt hat."

Einstieg in eine Mediation mit der Moderationsmethode

Ausgangssituation:

In der gegenständlichen Mediation werden wir kontaktiert, weil es im Vorstand eines Unternehmens Unstimmigkeiten hinsichtlich der Kompetenzabgrenzung zwischen den einzelnen Vorstandsmitgliedern gibt. Im Speziellen ist die Übergabe der Agenden eines Vorstandes an seinen Nachfolger nicht vollkommen abgeschlossen. Ersterer mischt sich laufend in das Tagesgeschäft ein, was zu einiger Verstimmung führt. Allerdings scheint das Problem nur dem neuen Vorstand - welcher uns kontaktiert hatte - bewusst zu sein, denn schon allein auf die Einladung zur Mediation hatte der alte Vorstand reichlich überrascht reagiert.

Ziel:

Ziel des ersten Treffens ist es, festzustellen, ob überhaupt eine mediierbare Situation gegeben ist und ob die Teilnehmer mit der Mediationsmethode etwas anfangen können beziehungsweise zur Mitwirkung bereit sind.

Teilnehmerzahl:

Insgesamt nehmen 4 Medianden teil.

Vorüberlegungen:

Die anonymisierte Art und Weise der Abfrage gibt hier die Chance, ohne lange Erklärungen oder Rechtfertigungen rasch die eigentlichen Überzeugungen herauszubekommen.

Das ist bei wenigen Teilnehmern eine sehr viel größere Herausforderung als bei vielen. Dazu kommt, dass noch kein Vertrauensverhältnis zum Mediator aufgebaut werden konnte. Daher sind auch Einzelgespräche nicht zielführend. Die Moderationsmethode ist gerade für Mediationen fantastisch geeignet, belässt sie doch die inhaltliche Gestaltung bei den Parteien und die Prozessverantwortung beim Moderator. Aber gerade deshalb ist es auch notwendig, zu überprüfen, ob die einzelnen Teilnehmer von dieser Aufgabenteilung tatsächlich überzeugt und entschlossen sind, inhaltlich auch etwas beizutragen.

Zeit	Inhalt	Methode
09.15 09.30	Begrüßung, Erläuterung der Methode, Phasen und Ablauf in der Mediation, Aufgabe der Medianden und des Mediators	Selbstvorstellung ohne Medien
09.30 09.45	Einpunktabfrage[1] zu folgenden Fragestellungen: 1. „Ich weiß, wozu ich hier bin" 2. „Wir haben einen Konflikt miteinander"	Flipchart
09.45 10.15	Interpretationen der Abfrage und Entscheidung, ob die Mediation ein gangbarer Weg ist.	Moderation der Teilnehmermeldungen
10.15 10.45	Abschluss des Mediationsvertrages und ggf. der Kommunikations- und Mediationsregeln im Verfahren[2]	Flipchart Abfrage auf Zuruf

10.45 11.15	Kärtchenabfrage Mediationsthemen3	Pinnwand
11.15 11.45	Auswahl, welche Themen für die Mediation geeignet[4] sind und Festlegung der Reihenfolge und Termine	Einpunkt-abfrage
11.45 12.15	Verabschiedung	

Ad 1:

Die Bereitschaft mitzuwirken, beziehungsweise das Verständnis für die Notwendigkeit einer gemeinsamen Bearbeitung des Problems wird in dem Fall gleich beim Einstieg mittels einer gestuften Skala von eins bis fünf überprüft. Eins steht für „Gar nicht", fünf steht für „Absolut, ja".

Anonymisiert wurde die Abfrage dadurch, dass der Mediator zu jeder der beiden Fragen gleichfarbige Klebepunkte an die Medianden ausgibt mit der Bitte, jeweils eine Zahl von eins bis fünf auf den Punkt zu schreiben. Im Anschluss sammelt er die Punkte ein und klebt sie zu den Skalen.

Alternativ wäre auch möglich, Teilnehmer die Nummer je Frage aufschreiben zu lassen und als Mediator an sich zu nehmen und auf dem Flipchart nach Einsammeln aller Kärtchen einzutragen.

Ad 2:

Gesprächsregeln wie etwa „nicht unterbrechen", oder „nicht schreien" sind meistens in etwa gleichwertig, hier wird keine Reihenfolge benötigt. Daher ist die „Abfrage auf Zuruf" gut geeignet.

Ad 3:

Bei einer so kleinen Gruppe empfiehlt es sich durchaus, jeder Person einen Stapel von Kärtchen auszugeben. Eine Limitierung der Anzahl der Kärtchen ist nicht notwendig.

Der Auftrag kann beispielsweise lauten: „Da wir nun festgestellt haben, dass Sie alle an einem Mediationsverfahren interessiert sind und zu einer Lösung beitragen wollen, sollten wir die zu besprechenden Inhalte festlegen. Dazu bitte ich Sie, jene Probleme und Themen, die Sie in diesem Rahmen besprechen wollen, auf diese (herzeigen!) Kärtchen zu schreiben. Bitte nehmen Sie ein Kärtchen pro Thema. Nehmen Sie sich so viel Zeit und Kärtchen, wie Sie wollen."

Ad 4:

Die an der Pinnwand befestigten Themen können leicht zusammengehängt, umgepinnt, ergänzt oder zur Seite gehängt werden. Nachdem alle Themenbereiche benannt werden (in diesem Fall sind es neun Themen), bekommt jeder Teilnehmer 4 „Wichtigkeitspunkte". Diese Punkte kann er auf die Themen aufteilen, wobei einem Thema maximal 2 Punkte gegeben werden dürfen und alle Punkte aufgebraucht werden müssen. Dadurch können jene Themen herausgearbeitet werden, die den Teilnehmern „unter den Nägeln brennen". Wenn nur eingeschränkt Zeit für die Mediation zur Verfügung steht, ist somit klar, welche Themen vordringlich behandelt werden müssen. Aber auch wenn es keine zeitliche Beschränkungen gibt, dient diese Einteilung in jedem Fall der Reihung der Themen. Eine Abweichung aus guten Gründen kann hier allerdings ebenfalls vorgeschlagen und besprochen werden. Manchmal ist es beispielsweise hilfreich, zuerst mit einem weniger brennenden Thema zu starten um den Medianden vor Augen zu führen, dass tatsächlich gemeinsame Lösungen gefunden werden können.

BIBLIOGRAPHIE

Besser, Ralf
Damit Seminare Früchte tragen
2004 Beltz Weiterbildung

Buzan, Tony
The Mind Map Book
1993 Penguin Books

Clark, Charles
Brainstorming: How to create successful Ideas
1989 Wilsghire Book Co

Geißler, Karlheinz A.
Anfangssituationen
1999 Beltz Verlag

Geißler, Karlheinz A.
Schlußsituationen
1999 Beltz Verlag

Grochowiak, Klaus & Heiligtag, Stefan
Die Magie des Fragens: Warum es keine unschuldigen Fragen
gibt. Handbuch für soziale Kompetenz
2002 Junfermann

Hartmann, Martin; Rieger, Michael; Funk, Rüdiger
Zielgerichtet Moderieren
Beltz Verlag

Hofstede, Geert
Cultures and Organizations, Software of the Mind
Mcgraw-Hill Professional

Kellner, Hedwig
Konferenzen, Sitzungen, Workshops effizient gestalten
Hanser

Lewis, Richard D.
When cultures collide
Nicholas Brealey Publishing

Lipp, Ulrich; Will, Hermann
Das große Workshop-Buch
2004 Beltz Verlag

Malorny, Christian; Langner, Marc Alexander
Moderationstechniken
2002 Carl Hanser

Mole, John
Mind your Manners. Managing Culture Clash in a Global Europe Nicholas Brealey Publishing

Monnet, Claudia (Hrsg.)
Turbo-Workshops
managerSeminare

Müller, Kurt R. (Hrsg.)
Kurs- und Seminargestaltung
Beltz Verlag

Proksch, Stephan
Konfliktmanagement im Unternehmen
SpringerGabler

Scheibel, Gerhard
Effiziente Meetings leicht gemacht
Redline Wirtschaft

Schulte-Zurhausen, Manfred
Organisation
Verlag Vahlen

Schulz von Thun, Friedemann
Miteinander Reden, Band 1: Störungen und Klärungen
Rowohlt Taschenbuch Verlag

Seifert, Josef W.
Moderation & Kommunikation
Gabal Verlag

Seifert, Josef W.
Visualisieren, Präsentieren, Moderieren
Gabal Verlag

Talab, Stefan Amin
Der Meistermediator – integriertes Konfliktmanagement
ISBN 978-3- 950226928, comeon Verlag

Talab, Stefan Amin
Der Verhandlungsmeister
ISBN 978-3-9502269-3-5, comeon Verlag

Weidenmann, Bernd
100 Tipps & Tricks für Pinnwand und Flipchart
Beltz Verlag

Weidenmann, Bernd
Handbuch Active Training
Beltz Verlag

Weitere Buchempfehlungen finden Sie unter:

http://www.masterbooks.at

STICHWORTVERZEICHNIS

M

N

O

P

R

Stärkere Beziehungen -
bessere Verhandlungsergebnisse
Im gut sortierten Buchhandel oder
ONLINE unter www.verhandlungsmeister.com

ISBN 978-3-9502269-3-5,

248 Seiten, comeon Verlag, € 29,90

Millennium City, 1200 Wien

Wehlistrasse 55/4

www.masterbooks.at

office@comeon.at

KURZZUSAMMENFASSUNG

Der Verhandlungsmeister summiert und strukturiert die Erfahrungen tausender Verhandlungsführer. Die übersichtlich beschriebenen Stärken helfen, sich im Verhandlungsdschungel zurecht zu finden und typische Fallen zu vermeiden.

Dieser Ratgeber gibt Tipps & Tricks für Ihre Verhandlungen. Es ist ganz auf praktischen Erfahrungen aufgebaut und erklärt gleichzeitig klar und einfach theoretische Hintergründe. Zahlreiche Praxisbeispiele veranschaulichen eine effiziente Verhandlungsvorbereitung, unterschiedliche Verhandlungstypen und erfolgreiche Strategien und Taktiken.

www.ingramcontent.com/pod-product-compliance
Lightning Source LLC
Chambersburg PA
CBHW061217220326
41599CB00025B/4668